GESTÃO DEMOCRÁTICA

MINÚCIAS, DIZERES E FAZERES DO CONSELHO MIRIM NA EDUCAÇÃO INFANTIL

MARCIA COVELO HARMBACH

GESTÃO DEMOCRÁTICA

MINÚCIAS, DIZERES E FAZERES DO CONSELHO MIRIM NA EDUCAÇÃO INFANTIL

PANDA
educação

© Marcia Covelo Harmbach

Direção editorial
Marcelo Duarte
Patth Pachas
Tatiana Fulas

Coordenação editorial
Vanessa Sayuri Sawada

Assistentes editoriais
Henrique Torres
Laís Cerullo
Guilherme Vasconcelos

Consultoria pedagógica
Josca Ailine Baroukh
Shirley Souza

Capa
Marcello Araujo

Diagramação
Daniel Argento

Preparação
Beatriz de Freitas Moreira

Revisão
Joaci Pereira Furtado
Cristiane Fogaça

Impressão
PifferPrint

CIP-BRASIL. CATALOGAÇÃO NA PUBLICAÇÃO
SINDICATO NACIONAL DOS EDITORES DE LIVROS, RJ

H251g
Harmbach, Marcia Covelo
    Gestão democrática: minúcias, dizeres e fazeres do Conselho Mirim na Educação Infantil / Marcia Covelo Harmbach. — 1. ed. — São Paulo: Panda Books, 2023. 176 p.; 20 cm.

ISBN: 978-65-88457-10-8

1. Educação. 2. Pedagogia. 3. Professores — Formação. I. Título.

22-81197
CDD: 370.71
CDU: 37.013

Bibliotecária: Meri Gleice Rodrigues de Souza — CRB-7/6439

2023
Todos os direitos reservados à Panda Educação.
Um selo da Editora Original Ltda.
Rua Henrique Schaumann, 286, cj. 41
05413-010 — São Paulo — SP
Tel./Fax: (11) 3088-8444
edoriginal@pandabooks.com.br
www.pandabooks.com.br
Visite nosso Facebook, Instagram e Twitter.

Nenhuma parte desta publicação poderá ser reproduzida ou compartilhada por qualquer meio ou forma sem a prévia autorização da Editora Original Ltda. A violação dos direitos autorais é crime estabelecido na Lei nº 9.610/98 e punido pelo artigo 184 do Código Penal.

A todas as crianças com as quais dividi o caminho, especialmente meus filhos, Yan e Matheus, os grandes protagonistas da minha vida, com quem aprendo todos os dias; aos sobrinhos e sobrinhas queridos; aos meninos e meninas das várias escolas por onde passei; e à minha criança interior, com quem ando sempre de mãos dadas e que guia meus passos.

Ao meu amado marido, Oswaldo H. Junior, parceiro querido que entende as ausências e apoia os sonhos.

À minha mãe, Nair Covelo, mulher forte e batalhadora que me ensinou a fazer valer minha voz e a lutar pelo que acredito.

Às minhas parceiras de vida: Simone Cavalcante e Beatriz Garcia, por todo o acolhimento, a cumplicidade nas ideias "mirabolantes" e por trilharmos juntas a busca da autoria dos Conselhos Mirins, compartilhando sonhos e concepções para uma escola pública democrática e de qualidade.

A todos os educadores com os quais convivi e que acreditaram no sonho de uma escola que oferece vez e voz às crianças, especialmente aos educadores das EMEIs Dona Leopoldina e Antonieta de Barros, escolas do coração.

SUMÁRIO

9   Agradecimentos

11 Prefácio

13 O início de tudo: a escuta das crianças e a gestão democrática

24 **Diálogo com as infâncias**
25 Um pouco do passado para falar do presente
30 Chegamos ao presente...

34 **Inspirações**
34 Paulo Freire: realidade e dialogicidade
37 Larrosa e o conceito de infância
39 Malaguzzi e a pedagogia da escuta de Reggio Emilia

42 **Voz como direito, não como concessão**
44 Conselho Mirim: uma experiência brasileira

52 **Direitos das crianças**
52 Sobre o direito de subir em lugares altos
55 Sobre o direito de escolha: dormir ou não dormir?
59 Sobre o direito de apresentar a escola
61 Sobre o direito de escolher o ritual de passagem

65 **Transformações na escola a partir das vozes infantis: estudos etnográficos**
67 Casinhas vizinhas
69 Quadra para adultos ou para crianças?
71 Pistas e percursos: marcas da cultura infantil no chão da escola

76 Olhar inclusivo sobre os brinquedos
78 Olhar empático

82 Construções a partir da ótica das crianças
82 Projeto Casa na Árvore
88 Lava Rápido de Crianças
90 Trepa-trepa Estrela

100 Participação cidadã e ocupação do território
103 Além dos muros da escola: relatos de participação infantil
105 Conversa com os vizinhos
107 Reivindicação de uma boa alimentação
110 Diálogos com os prefeitos regionais
113 Diálogo com a Prefeitura Regional: reivindicações para o bairro
117 O direito ao clube
123 Uma praça para todos

127 Conselho de adultos e conselho de crianças: intersecções
131 Percepções das famílias sobre o Conselho Mirim
136 O que dizem as crianças sobre o Conselho Mirim
138 Parceria EMEI-EMEF: a continuidade do Conselho Mirim
140 Indicadores de Qualidade da Educação Infantil na visão das crianças
145 Conselho Mirim pelos olhos da gestão
149 Como implementar um Conselho Mirim na escola?

153 Algumas palavras finais para as vozes iniciais

157 Referências

AGRADECIMENTOS

Agradeço imensamente à professora doutora Adriana Friedmann por trazer o fio da escuta para tecer a trama do protagonismo das crianças e da minha voz adormecida. Sua sensibilidade, sabedoria e amorosidade na condução da docência deixaram uma marca indelével em mim. Mais do que orientar, inspira. É uma grande mestra, uma referência para a vida.

Agradeço à Casa Tombada Lugar de Arte, Cultura e Educação por propiciar momentos ímpares de poesia e encantamento, aprofundamentos teóricos sobre o conhecimento de mundo e de mim mesma. Lugar onde quero estar sempre para aprender sobre as minúcias do humano.

Agradeço às parceiras do curso de pós-graduação "Escutas antropológicas: vez e voz das crianças", que se tornaram pessoas especiais na minha vida e com quem quero caminhar sempre ao lado.

A todos os educadores que abrilhantaram esse curso e dos quais carrego um pouco de suas teorias em meus fazeres e elucubrações.

Em especial à professora doutora Luiza Christov, por provocar meu encontro com o texto acadêmico e a narrativa poética, inaugurando um novo olhar entre política e saberes infantis, na busca da prática democrática afetiva e emancipadora. E à professora Raquel Franzim, por despertar em mim a vontade de escrever sobre "o extraordinário" dentro "do ordinário" da escola, evidenciando o lugar das vozes infantis em uma escola transformadora.

PREFÁCIO

Sinto grande emoção e orgulho por ter acompanhado parte do percurso da Marcia Covelo Harmbach e agora prefaciar sua obra, testemunho de que ideias semeadas, conscientizadas e compartilhadas têm efetiva possibilidade de se tornarem realidade. Com coragem, muita luta, sem desistir e resistindo no seu percurso de vida, Marcia é exemplo de que a persistência e a concretização de ideais podem sair do lugar da utopia para chegar aos territórios onde há crianças, educadores, famílias e comunidade.

Por trás dessa mulher singela, doce, delicada, de voz baixa e fina, corpo miúdo, sorriso sincero e olhar profundo, mora uma grande, corajosa e indignada educadora, que milita pelo direito das crianças de participar, se expressar, ter espaços e tempos de vez e voz. Profundamente afetada pelas realidades que se apresentam a ela todo dia, ao abrir o portão da escola e receber as crianças, ela se permite ser atravessada por todo tipo de demanda e dificuldade. Marcia se aferra às suas convicções mais profundas e se entrega à escuta dos diversos atores da comunidade onde atua; arregaça as mangas e põe mãos à obra para fazer valer ideias, vozes e problematizações com as quais as crianças desafiam a ela e a toda a comunidade.

Esta obra é resultado de décadas de muito "trabalho, suor e lágrimas", em que Marcia, inspirada em grandes mestres, batalhou, conquistou e transformou espaços e atividades de forma democrática e participativa com as crianças e a comunidade: ela tem a capacidade de escutar e abrir-se para aprender com as crianças, de derrubar barreiras e muros que separam a escola do território, e de criar para todas(os) espaços de escuta e fala.

O grande valor desta obra está em lançar luz sobre as várias experiências de protagonismo infantil nas quais Marcia foi peça-chave na motivação, no incentivo e na sensibilização de parceiros e parceiras, das famílias e, sobretudo, das crianças. Inúmeros exemplos de participação de crianças constituem a pérola deste trabalho, experiências ricas e inspiradoras que podem encorajar educadores e gestores a transformarem seus cotidianos escolares a partir de mudanças de postura ética e metodológica. Ética aqui entendida a partir do princípio de que crianças não podem nunca ser forçadas a participar de conselhos, fóruns, manifestações ou atividades, e que devem ser respeitadas nas suas formas singulares de dizer e se expressar. Assim, nós, adultos, precisamos aprender a escutar e decifrar o que estão a nos dizer.

É meu desejo que este trabalho sirva de inspiração e bússola para aqueles que têm como intuito criar, junto com as crianças, processos democráticos e horizontais de participação.

Meu carinho sempre!

Adriana Friedmann

O INÍCIO DE TUDO: A ESCUTA DAS CRIANÇAS E A GESTÃO DEMOCRÁTICA

É preciso ter paixão para aprender e ensinar.
Madalena Freire

Grandes mestres, amorosos e interessados na aprendizagem de seus alunos, inspiram não somente a vontade de aprender e aprofundar conhecimentos, mas também inspiram como modelos. Alguns deixam profundas marcas indeléveis, como minha professora de português no Ensino Fundamental II, Elizabete de Toledo, que propiciava pensar criticamente e observar uma mesma ideia pela visão de mundo de vários lugares, tempos e concepções, o que fazia meus olhos brilharem em suas aulas.

Minha paixão pela escuta do outro começou no Magistério, em 1979, com uma professora de sociologia, Márcia, que propunha rodas de conversa sobre temáticas da atualidade e debates sobre educação. Fui apresentada a Paulo Freire, Darcy Ribeiro, Anísio Teixeira, Leonardo Boff e Rubem Alves, e descobri outra dimensão do conhecimento: a visão planetária e humanizadora.

Recordo que fiquei totalmente encantada e impactada com a crítica de Paulo Freire à "educação bancária", na qual não havia espaço para a curiosidade, apenas para a repetição sem sentido de saberes hierarquizados – tudo o que presenciei na escola que frequentei quando criança. Freire propunha uma educação para a liberdade, antítese da "educação bancária", que considerasse o conhecimento prévio e a experiência vivida dos educandos para a construção de novos saberes, bem como a dialogicidade entre os sujeitos e o conhecimento, sem que houvesse conhecimentos superiores a outros, pois, como dizia, "não há saber mais, nem saber menos, há saberes diferentes" (FREIRE, 1987, p. 68).

Em contato com essas ideias, percebi que poderia concretizar para as crianças uma relação mais afetiva com a escola, bem diferente da que vivi na década de 1970, em pleno regime militar, quando não podíamos nos manifestar, mas apenas seguir regras e livros didáticos. Descobri o quão importante é escutar o outro, olhar nos olhos ao explicar algo, falar com o coração, auxiliar a descobrir a potência que temos dentro de cada um de nós. Acendeu-se, assim, minha paixão pela docência.

A Educação de Adultos foi outro divisor de águas na minha vida. Foi lá que aprendi realmente a ensinar e a aprender, com sentido, a importância da consideração da realidade vivida pelos educandos, para que a educação seja libertadora, sem reproduzir o autoritarismo que está presente em nossa sociedade como herança histórica. Jamais vou esquecer a gratidão daquelas pessoas que não tiveram a oportunidade de estudar, ao lerem sozinhas pequenos textos.

Lembro-me do Devanir, um sorveteiro que sempre era enganado, pois não sabia anotar suas vendas. Depois de alfabetizado, sabendo usar os números para as atividades cotidianas, dizia que sobrava dinheiro e levava todo fim de semana sorvete em minha casa como agradecimento. Percebi o quanto é fundamental um trabalho sério e acolhedor com a alfabetização, um diálogo com os alunos carregado de afeto. Conheci melhor a metodologia dialógica de Paulo Freire e toda carga semântica de palavras e expressões que não deixei mais de usar: amorosidade; boniteza; a leitura de mundo precede a leitura da palavra; conscientização; libertação; e todo o vocabulário político-pedagógico desse grande mestre.

Na Educação Infantil, tive o privilégio de trabalhar com a diretora Rosa Maria Panicali, com quem aprendi e vivi sobre gestão democrática. Eu conduzia várias famílias à participação na escola e, ao perceber minha disponibilidade com os pais e as crianças, ela sempre compartilhava as informações com as outras professoras. Mesmo residindo longe da escola, ela fazia reuniões à noite para que a comunidade pudesse participar e ouvia com cuidado cada colocação de pais e educadores. Tinha admiração por sua força e competência ao coordenar os Conselhos de Escola e as equipes. Ela foi uma grande inspiração.

Desde o início da minha docência, eu participava de todos os Conselhos de Escola e realizava rodas de conversa e "conselhinhos", como eu os chamava na época, com minhas turmas. A dialogicidade e o estudo da realidade local eram meu mote inicial de trabalho, em muito influenciada pelas leituras de Paulo Freire, pois o diálogo sempre foi um pressuposto importante em suas obras; como afirmava, "não há diálogo se não há um profundo amor ao mundo e aos Homens" (FREIRE, 1987, p. 44).

Os conteúdos e experiências na escola ganhavam significado quando partiam das vozes infantis e, por conseguinte, um maior envolvimento das crianças nos projetos, fato que reverberou no uso da metodologia dialógica em meus fazeres.

Na gestão da Prefeitura de São Paulo de Luiza Erundina (1989-1992), após participar como professora das formações oferecidas pela Secretaria Municipal de Educação, fui convidada para trabalhar com a formação de educadores. Foi o período mais fértil e intenso da minha vida profissional, quando conheci pessoas incríveis, como Olga Kalil Figueiredo, diretora regional, uma mulher sábia, acolhedora e uma das mais democráticas que conheci nessa função. Foi uma administração inovadora, que retirou professores das salas de aula para formar outros professores, enquanto bebiam diretamente na fonte.

Trabalhei ao lado de Paulo Freire e Mario Sergio Cortella, à época secretários de Educação do município paulistano, e com uma gama de formadores que foram essenciais para minha própria formação: Ana Lúcia Goulart de Faria, Maria Malta Campos, Sonia Kramer, Lenira Haddad, Ana Angélica Albano, Roxane Rojo, Mirian Celeste Martins, Ana Mae Barbosa, Zilma de Oliveira, Lino de Macedo, Ana Maria Saul, Lisete Arelaro, Marina Célia Moraes, Marisa Garcia, Lívia Maria, Terezinha Sebestyan, Vera Tomasulo e tantos outros que guardo com carinho na memória. Foram os anos mais profícuos de estudos e descobertas na rede municipal, principalmente na Educação Infantil, com a proposta de elaboração dos Projetos Político-Pedagógicos, dos Conselhos de Escola e da Gestão Democrática. Aprendizado que trago sempre comigo.

Ao término da administração Erundina, voltei para a escola, no meu cargo de professora, e me deparei com uma gestão sem diálogo com a comunidade e a equipe. Assumi o Conselho de Escola, mas o trabalho era difícil, principalmente porque a diretora, oriunda do Ensino Fundamental, não conhecia bem as especificidades da Educação Infantil e tinha uma concepção "escolarizante" – tomando como modelo para a gestão desse segmento o Ensino Fundamental ("adultocentrista"), em que o foco é o poder dos adultos, em vez do das crianças –, que reverberava na construção do currículo e dos espaços da unidade, além de ter uma postura antidemocrática nas relações com educadores, pais e crianças.

Nesse período, resolvi prestar o concurso para direção e supervisão. Passei em ambos, mas confesso que jamais gostei do trabalho burocrático. Entretanto, decidi ouvir um grande amigo, antigo diretor, que me dizia que se eu quisesse ter liberdade de ação e dar o tom de gestão dialógica em uma escola, deveria assumir sua direção.

Iniciei minha função como gestora em uma Escola Municipal de Educação Infantil (EMEI) enorme: Antonieta de Barros, com três turnos, 780 crianças, situada em uma comunidade muito carente, repleta de conjuntos habitacionais – a City Jaraguá –, para onde o governo levava os moradores das favelas que desmontava pela cidade, muitas vezes alocando comunidades rivais em prédios vizinhos. Um bairro dominado pelo tráfico, sem áreas de lazer ou espaços culturais e com muito lixo pelas ruas. Não era raro que nos deparássemos com toques de recolher ou pessoas mortas pelas calçadas.

Fiquei alguns anos nessa escola. Apesar de todas as dificuldades, tinha um corpo docente incrível, que pensava a escola com a gestão e adotava todas as ideias, aprimorando-as. Assim que cheguei, procurei conversar com o grupo e percebi que o fato de a escola estar necessitando de pintura os incomodava, queriam um ambiente mais alegre para receber as crianças. Propus um mutirão, pois só tínhamos dinheiro para as tintas, no que fui prontamente acolhida: educadores e suas famílias, pais e equipe gestora mobilizaram-se, pintando a escola interna e externamente.

Depois desse, muitos outros mutirões foram realizados, de acordo com as necessidades apontadas pelo grupo de educadores, crianças e famílias: construção da horta, do ateliê, do bosque para brincadeiras, reforma do parque e das salas. Trabalhamos arduamente com o Conselho de Escola, ouvindo as famílias, considerando suas dificuldades, e conseguimos atrair muitos pais, antes ausentes, para ajudar com serviços de marcenaria e elétricos, e para gerir conosco a aproximação com a comunidade local, que muitas vezes invadia a escola.

Desenvolvemos um projeto muito bonito com os papeleiros da região, atuando junto à Associação dos Moradores, uma cooperativa com apoio de assistentes sociais e uma psicóloga. Lutamos também ao lado de outras escolas da região, para a construção de um polo cultural em um parque perto da nossa unidade, o Pinheirinho D'água. Aprendi muito com esse grupo, que contava com a presença da educadora Marcia Penha, coordenadora de uma Escola Municipal de Ensino Fundamental (EMEF) na região do Jaraguá, que organizava grupos de discussão sobre o parque com professores, alunos da Faculdade de Arquitetura e Urbanismo da Universidade de São Paulo (FAU-USP) e a Associação de Moradores.

Foram anos de muito trabalho com as crianças e a comunidade, ao longo dos quais desenvolvemos um projeto concreto, com a participação de muitas pessoas. A escola, que vivia sendo saqueada e destruída, conquistou o cuidado do território. Perceberam que ela é de todos e, assim, ela se transformou em "escola-modelo da região", como diziam os moradores.

Todas as famílias queriam matricular seus filhos ali, havia lista de espera. Há pouco tempo visitei a escola e fiquei muito feliz ao perceber que continuam mantendo espaços criados naquela época e como o Projeto Político-Pedagógico ganhou força e foi se transformando. É uma escola pela qual tenho um carinho especial, tendo sido a primeira em que desenvolvi o Conselho Mirim e a atuação persistente com o Conselho Escolar como diretora.

Enfim, descobri meu caminho na gestão da Educação Infantil. Descobri que posso delegar funções burocráticas e dar o tom pedagógico à gestão, participando dos grupos de formação com as professoras e as coordenadoras, construindo espaços verdes e brincantes, lutando por um currículo emancipador, decolonialista, no sentido de resistir e desconstruir padrões, abrindo-se para a pluralidade de vozes e caminhos, conduzindo o trabalho com a comunidade, buscando parcerias e desenvolvendo projetos com as crianças, principalmente o Conselho Mirim.

Aquela menina que tinha medo de falar com a professora, e observou esse mesmo medo em tantos outros olhos, resolveu se armar de coragem e criar espaços para o diálogo, para a escuta, principalmente de crianças, pois estas precisam de alguém que lute por elas, que faça valer seus direitos.

Marcia, meu nome, significa "guerreira". Escolhi minha luta pela educação pública, estou nela há 37 anos com a mesma paixão e apesar de todas as adversidades e dificuldades, principalmente ao longo das diversas gestões governamentais. Tenho muita gratidão pela trajetória construída e pelas mulheres fortes que me inspiraram nesse caminho.

Conheci pessoas maravilhosas, parceiras de luta por uma educação pública de qualidade, com as quais dividi oito premiações recebidas durante a gestão na EMEI Dona Leopoldina, quatro somente pelo Conselho Mirim. Ninguém faz nada sozinho em educação, somos um coletivo de educadores, famílias e crianças que se constrói no diálogo.

Revivi os melhores momentos da minha infância criando memórias afetivas com meus filhos e com as crianças das escolas por onde passei, encantando o contato com a natureza, criando e brincando pelos quintais da escola e fora dela, movida pelo desejo e dividindo sonhos com as crianças.

Como gestora, pude validar as vozes infantis frequentemente caladas nos espaços escolares, rompendo com o silenciamento de seus corpos e reconhecendo as crianças como participantes ativas na construção do currículo, elevando-as a protagonistas, enfatizando sua autoria. Tarefa desafiadora, uma vez que elas ainda são vistas como um "vir a ser", como minorias invisíveis pelas quais precisamos sempre lutar.

Aprendi que escutar, do latim *auscultare*, significa "ouvir com atenção" e deu origem à palavra "auscultar", muito usada na medicina: a escuta interna, a escuta dos órgãos. Em grego, escutar é *homolegein*, em que o prefixo *homo* significa "o mesmo" e *legien* está relacionado ao dizer, ao diálogo. Quem diz, escuta o que está dizendo.

Escutar exige escolha. Não é uma ação isolada do aparelho auditivo, diferente do ouvir, mas um fenômeno do corpo como um todo. Escutamos com o corpo, através de sensações, percepções e sentimentos. Para escutar é preciso compreender e processar o que está sendo captado pela audição, é preciso também ler o corpo do outro, decifrar o que nos fala por meio dos gestos, do olhar além da verbalização com palavras.

Para escutar plenamente é preciso disponibilidade: o importante é o que o outro diz, não o que pensamos ou sabemos, como explica Alberto Caeiro, heterônimo de Fernando Pessoa (1986, p. 29): "Não é bastante ter ouvidos para ouvir o que é dito; é preciso também que haja silêncio dentro da alma". É preciso limpar a cabeça para que a fala do outro entre e seja digerida; escutar é um ato amoroso, se abstém de julgamentos, por isso é essencial falar ao outro o que se escutou, sem acrescentar o que pensamos.

Dessa definição de escuta, procuro o lugar onde as crianças falam, teço muitos questionamentos com fios de teorias. O que dizem as crianças com seus gestos, palavras e tons de voz? Como escutamos as crianças na escola? Quais caminhos percorrer para a escuta dos universos infantis, levando em conta as necessidades e percepções, de modo a ressignificar o papel das crianças como protagonistas dos fazeres na escola? Entendemos as vozes infantis como direito ou como concessão dos adultos? Compreendemos a dimensão exclusiva das crianças e suas infâncias? Qual o papel das narrativas infantis na construção da cidadania? As crianças participantes dos Conselhos Mirins são mais atuantes em outras instâncias?

Essas, dentre muitas outras questões, provocam grandes inquietações. A participação das crianças na escola e a sensação de pertencimento e de autoria em igualdade com os adultos na tomada de decisões no que lhes diz respeito são o foco principal deste livro. Estudar seus gestos, suas expressões, suas percepções de mundo e influências nas relações.

O diálogo entre educação e antropologia, a intersecção entre a criança que fui e as que tenho hoje como parceiras na gestão da escola, certamente me levaram a descortinar o conceito de participação infantil.

A Base Nacional Comum Curricular (BNCC) para a Educação Infantil estabelece seis direitos de aprendizagem e desenvolvimento: Conviver, Brincar, Participar, Explorar, Expressar e Conhecer-se. De todos os verbos propostos, "participar" é, sem dúvida, o que exige maior reflexão e trabalho, pois a participação dos pequenos na vida da escola ainda é vista com muitas ressalvas pelos adultos. Sabemos que é essencial o tempo de brincar, mas e o tempo de participar? Um é tão importante quanto o outro? A resposta a essas questões com caminhos já traçados no trabalho com crianças nos conselhos, nas assembleias e no cotidiano da escola me leva a querer dar sentido a esse fazer, a compreender os desdobramentos, a partir da experiência vivida, que esse tipo de participação propiciou às crianças na escola e em outras instituições para onde se deslocaram.

A primeira e verdadeira condição para que se possa conceder a palavra às crianças é reconhecer que são capazes de pensar em grupo, contribuir com ideias e apresentar propostas úteis para nós, adultos; que são capazes de nos ajudar a resolver nossos problemas.

Neste livro, apresento o trabalho desenvolvido com o Conselho Mirim na Educação Infantil, uma das maneiras de promover a participação das crianças na construção de uma gestão democrática e de um projeto de escola que fomente a autoria e o protagonismo de crianças. A intenção é compartilhar experiências vividas com o conselho e apontar como as crianças entendem e atuam na realidade, cada uma à sua maneira, para pensarmos como podemos intervir e resistir na criação de espaços democráticos de fala e escuta dessas vozes singulares. Trago uma escrita cujos protagonistas são as crianças, minhas grandes parceiras de vida.

O Conselho Mirim é uma estratégia de diálogo e respeito às vozes infantis, por meio do qual crianças exercem a cidadania e a democracia, e que qualifica suas perspectivas em igualdade com os adultos na tomada de decisões. A dialogicidade objetiva a transformação da escola em seus tempos e espaços por meio da escuta atenta, atrelando o que se ouve à criação de possibilidades para viver as infâncias, ampliar conhecimentos, problematizar a realidade local e apontar soluções. Na voz das próprias crianças, representadas por Lorenzo (5 anos): "Conselheiros são os guardiões que protegem o que as crianças dizem, as coisas da natureza e tudo que tem em volta da gente".

As descrições das assembleias, observações e conversas cotidianas revelam as vozes das crianças na construção de projetos e sua materialização em parceria com os adultos. Também explicitam o exercício da cidadania além dos muros da escola, como mostram várias situações de intervenções das crianças na rua, no bairro, na cidade, com os assuntos que lhes dizem respeito. O investimento nos pequenos como agentes de transformação de si e do mundo ao seu redor é expresso pelas crianças em suas "cem ou mais linguagens".

DIÁLOGO COM AS INFÂNCIAS

> *O conceito de infância está sempre em construção e varia conforme cada realidade e grupo infantil.*
>
> Adriana Friedmann

A observação do cotidiano das crianças, a poesia no modo como veem o mundo, a objetividade e a obviedade de suas falas, a recuperação da memória e da oralidade são formas de resgate do humano, de um olhar generoso e acolhedor do outro, do diferente, do contraditório, que abrem uma janela de acesso à infinidade de vozes que se multiplicam nos relatos. As vozes como direito de todos, como espaço de descobertas e visões de mundo das diferentes infâncias.

Adultos, em geral, acreditam que não podem aprender com as crianças, que elas apenas os imitam ou respondem o que querem ouvir. Não que essas situações não ocorram, mas no que mais podemos acreditar? Digo que, ao longo do percurso, aprendi muito com as crianças: elas me ensinaram a ser uma educadora melhor, a olhar com outros olhos, com poesia e de maneira simples e genuína para problemas mais complexos.

As crianças são peculiares. Já me deparei com muitas que eram mais críticas e conscientes da realidade à sua volta do que adultos com os quais convivi. Sobre a escuta e sobre o dizer dessas crianças quero lançar o meu olhar: contar suas histórias, como entendem os acontecimentos, seus conflitos e o cotidiano desses pequenos seres.

Um pouco do passado para falar do presente

Eu gosto de falar sobre tudo que eu vejo.
Isabella, 4 anos

É preciso revisitar o passado para refletir sobre o presente e avançar no futuro quanto ao modo como entendemos as infâncias em cada tempo, como viveu nossa criança, as crianças dos nossos pais e avós em cada momento da história. Por meio da sociologia, a partir de meados do século XX, pudemos compreender a infância como uma construção social, e não somente como uma essência natural, biológica.

Não quero aqui aprofundar esse tema. Desejo apenas localizar temporal e minimamente o processo de visibilidade das crianças na sociedade ocidental no decorrer da história. Com as contribuições da antropóloga cultural estadunidense Margaret Mead, começamos a adentrar o universo infantil e a influência da cultura no processo de desenvolvimento das crianças. A autora trouxe pela primeira vez um olhar antropológico para as questões da infância. A partir do século XX, alguns antropólogos apontaram que o indivíduo não se desenvolve apenas física ou biologicamente, mas que seu desenvolvimento está atrelado também ao sistema social do grupo ao qual pertence, influenciado pela cultura e pelas relações que estabelece. Mesmo assim, as crianças continuam não sendo investigadas como protagonistas.

A obra *História social da criança e da família*, de Philippe Ariès (1981), foi um marco nos estudos sobre a infância na Europa, elucidando-a como uma construção histórica que emerge em um dado momento e em um grupo social. O autor propôs a reflexão da existência de várias infâncias, em oposição à ideia de uma infância única para todos os povos e épocas. Esses estudos influenciaram o movimento em prol dos direitos das crianças.

A historiadora brasileira Mary Del Priore (2002, p. 84) explica que no período entre Colônia e Império, no Brasil, utilizavam-se expressões para se referir às crianças como "meúdos, ingênuos, infantes", que foram encontradas em documentos relacionados à vida social. A autora aponta que, "na mentalidade coletiva, a infância era, então, considerada um tempo sem maior personalidade, um momento de transição [...]". Mary Del Priore ressalta que se brincava com crianças pequenas como com animaizinhos de estimação. E não apenas no Brasil – na Europa Ocidental elas eram tratadas pelos adultos como verdadeiros brinquedos.

A boa educação implicava castigos físicos, introduzidos no Brasil pelos jesuítas, para horror dos indígenas, que desconheciam o ato de bater. Segundo a autora, havia uma certa preocupação pedagógica: a criança deveria ser transformada em um indivíduo responsável, que sabia escrever e ler a Bíblia.

Os ensinamentos eram fundamentais para uma boa educação e eram apresentados por meio de muitas cartilhas de alfabetização e religião, de forma a ficarem gravados na memória das crianças, constituindo-se em uma autêntica bula de moral e valores comuns. Cabia aos mestres incentivar e controlar a confissão mensal dos alunos, que era usada como motivo para castigos posteriores. Em nenhum momento a criança era escutada em suas necessidades e peculiaridades.

No Brasil Colonial, procurava-se adestrar a criança, preparando-a para assumir responsabilidades. Com a percepção da criança como algo diferente do adulto, teve início uma atenção educativa, traduzida em cuidados de ordem psicológica, mas pouco pedagógica. A formação social da criança passava mais pela violência, explícita ou implícita, do que pelos livros ou pelo aprendizado e educação, como esclarece Mary Del Priore (2002, p. 105): "triste realidade em um Brasil onde a formação oral e intelectual, bem como os códigos de sociabilidade, raramente aproxima as crianças de conceitos como civilidade e cidadania".

A historiadora Julita Scarano (2002) relata que as crianças negras foram praticamente ignoradas nas correspondências e documentos no decorrer do século XVIII, e que não havia pruridos em se comentar sobre pobres, mulheres e crianças, mesmo que os infantes fossem de famílias de importância. A autora descreve a função das crianças negras: elas tinham papel significativo nas festividades religiosas e cívicas; cantando e dançando, eram treinadas por seus donos ou pagas, quando livres.

A historiadora Ana Maria Mauad (2002, p. 137) narra a cena de uma jovem professora alemã que, contratada para educar meninas propondo a disciplina alemã, impõe às crianças um castigo que consistia em se levantar e se sentar por cinco vezes. Mas as crianças brasileiras divertiam-se, tomando-o como uma brincadeira. Essa professora concluiu: "as crianças brasileiras, em absoluto, não devem ser educadas por alemães, é trabalho perdido [...]". Esse e outros relatos encontram-se em correspondências com reclamações sobre as crianças: referem-se a elas como verdadeiros selvagens. Um inglês diz que são piores que os mosquitos existentes no país, dando a ver que, para os estrangeiros, a vida no Brasil era um verdadeiro caos.

Segundo Ana Maria Mauad (2002), era a rotina do mundo adulto que ordenava o cotidiano infantil, por meio de um conjunto de procedimentos e práticas aceitos como socialmente válidos. No século XIX, passou-se a considerar a especificidade da infância e da adolescência como idades da vida, o que se denota pela presença dos termos "criança", "adolescente" e "menino" em dicionários da década de 1830. Para a mentalidade do século XIX, a infância era caracterizada pela ausência de fala ou pela fala imperfeita, que abrangia o período do nascimento até os três anos. Em seguida, vinha a puerícia, que ia dos três ou quatro até os dez ou doze anos.

"Meninice" era o nome atribuído ao período de desenvolvimento intelectual da criança, e seu significado dizia respeito às ações próprias do menino, bem como à falta de juízo numa pessoa adulta. Tais termos e seus significados denotam o conjunto de princípios e preceitos que regiam as representações simbólicas das crianças e dos adolescentes da época (MAUAD, 2002). Infelizmente, ainda carregamos essa herança e desconsideramos as crianças em muitos espaços, incluindo as escolas, ignorando suas percepções sobre o entorno.

Já a historiadora Esmeralda Blanco B. de Moura (2002) aborda as infâncias paulistanas quando da recém-industrialização da cidade e realça a acentuada presença de crianças e de adolescentes como operários nas indústrias de tecidos, de alimentos, de produtos químicos e de metalurgia. Os documentos da época relatam os inúmeros acidentes de trabalho e os castigos físicos violentos impostos a eles, pois as brincadeiras dos menores teimosamente resistiam à disciplina do mundo do trabalho. Algo muito semelhante se passa hoje, quando vemos as crianças resistindo às escolas e outras instituições que não ajustam suas linguagens e conteúdos para as infâncias contemporâneas, que, diferentemente das do século anterior, são mais subversivas e questionadoras.

O historiador Edson Passetti (2002) retrata a tensão que se constituiu no século XX com a politização dos trabalhadores pelos anarquistas em um país escravocrata, o que levantou críticas à situação de vida das crianças sem escola, com trabalho não regulamentado ou com desrespeito aos regulamentos, habitando espaços e condições desumanas. Essa análise abriu frentes para reivindicações políticas de direitos e contestações às desigualdades, mas somente com a Constituição de 1934 determinou-se a proibição ao trabalho dos menores de catorze anos sem permissão judicial. Nos trinta primeiros anos da República, houve um investimento nas crianças pobres abandonadas, que passaram a ser atendidas pelo Estado, com vistas a integrá-las ao mercado de trabalho, afastando-as dos anarquistas e com o intuito de incutir-lhes obediência.

Para o Estado, as escolas e os internatos passaram a ser fundamentais para manter o controle. Ao escolher políticas de internação para crianças abandonadas e infratoras, o Estado opta por educar pelo medo: vigia comportamentos a partir de uma idealização das atitudes, cria a impessoalidade para a criança e para o adolescente vestindo-os uniformemente, estabelecendo rígidas rotinas de atividades. Somente na Constituição de 1934 a instrução pública apareceu como direito de todos, independentemente da condição socioeconômica.

Chegamos ao presente...

> *Eu gosto de correr no corredor, a professora não deixa, mas corredor não é para correr? É muito estranho isso.*
>
> Maurício, 5 anos

Muito se percorreu para entendermos as crianças não como objetos ou miniadultos, mas como sujeitos de direitos, com suas especificidades. Hoje, como um salto na história, as crianças são consideradas formadoras de opinião em nosso mundo contemporâneo. Um paradoxo, pois ora os adultos desconsideram as proposições das crianças, ora observamos famílias inteiras fazendo-lhes todas as vontades e marqueteiros superestimando suas ideias, levando-as em alta conta para fomentar o consumo.

As crianças nos apresentam uma forma diferenciada de ser e estar no mundo e exigem que pensemos novas formas de interação, se realmente queremos estabelecer uma experiência de diálogo democrático com os pequenos.

É sobre esse chão que quero me debruçar, sem esquecer a invisibilidade das crianças ao longo do tempo, mas contribuindo para que se tornem protagonistas de uma nova história. Do mesmo modo que é preciso revelar as culturas infantis, precisamos nos abaixar para conversar com as crianças em igualdade de condições, olhando-as nos olhos; sentando-nos no chão da roda; conversando ao pé do ouvido na assembleia, nos conselhos, nas reuniões atrás de uma mesa, no bate-papo, no tanque de areia – pois o diálogo ocorre por todos os poros da escola e o educador que reverencia as vozes infantis deve acolher suas falas em todos os espaços.

Quero revelar as inúmeras experiências de diálogo vividas com as crianças consideradas como sujeitos: no trabalho com os conselhos, no cuidar um do outro. Como diria o educador, antropólogo e folclorista Tião Rocha, sobre fazer "cafuné pedagógico": "só sabe que é bom cafuné aquele que já o recebeu uma vez na vida. Então tivemos que fazer cafuné pedagógico, que é possibilitar que o outro invista no lado luminoso dele, capaz de surpreender e de gerar" (ROCHA, 2007).

Acolher as ideias do outro, especificamente, as ideias das crianças; do modo como explicam a realidade que as cerca; considerar sua lógica, que é diferente daquela do adulto; entendê-las como sujeitos históricos e com suas próprias percepções do mundo. O ponto de partida é sempre o que as crianças trazem, o que produzem entre si como culturas e também na interação com os adultos.

Quero desvelar o poder de suas falas no protagonismo, nas decisões coletivas, nas instâncias de decisão do que lhes diz respeito; compreender, a partir de experiências vividas, os desdobramentos que esse tipo de participação propicia às crianças na EMEI Dona Leopoldina e em outras unidades para onde se deslocam.

Para início de conversa, puxo da memória uma situação vivida que traduz a importância de um espaço real de fala e de escuta para a participação infantil. A menina Beatriz foi conselheira na escola de Educação Infantil e, ao chegar ao Ensino Fundamental, quis logo saber sobre o Conselho Mirim, mas as educadoras não entendiam do que se tratava. Bia explicou, e as professoras disseram que naquela escola não havia conselho de crianças, somente de adultos, a eles cabendo o poder de decisão sobre todas as regras da escola. Segundo sua mãe, Beatriz ficou muito indignada e, ao me visitar, solicitou: "Você pode ir à minha escola nova para ensinar para a diretora de lá como fazer Conselho Mirim? Aquela escola não entende as crianças! Ela não sabe que a escola é para as crianças!".

> **A CONVENÇÃO DOS DIREITOS DAS CRIANÇAS**
>
> Com a Convenção dos Direitos das Crianças adotada pela Organização das Nações Unidas em 1989 e ratificada no Brasil em 1990, as crianças passaram a ser vistas como sujeitos de direitos. Seu artigo 12 fundamentou a construção do Conselho Mirim, promovendo sua participação na gestão da escola em igualdade com os adultos:
> 1. Os Estados Partes devem assegurar à criança que é capaz de formular seus próprios pontos de vista o direito de expressar suas opiniões livremente sobre todos os assuntos relacionados a ela, e tais opiniões devem ser consideradas, em função da idade e da maturidade da criança.
> 2. Para tanto, a criança deve ter a oportunidade de ser ouvida em todos os processos judiciais ou administrativos que a afetem, seja diretamente, seja por intermédio de um representante ou de um órgão apropriado, em conformidade com as regras processuais da legislação nacional.
> (UNICEF, 1989)

Não há melhor definição da intencionalidade do Conselho Mirim: ouvir as crianças para a construção de uma escola que as tenha como principais sujeitos.

Quando as crianças são convidadas a participar das decisões que lhes dizem respeito, constroem autonomia ao pensar e organizar suas ideias – uma escuta qualificada por parte dos adultos permeia a ampliação do repertório da educação cidadã dos pequenos.

Ter sensibilidade para entender o grupo de crianças, suas necessidades e manifestações, por meio de brincadeiras, diálogos e gestos, é essencial para a interpretação das linguagens usadas nas diferentes formas de participação das crianças e para dar visibilidade às suas percepções sobre as experiências de vida.

INSPIRAÇÕES

Paulo Freire: realidade e dialogicidade

> *Tem que desenhar na placa, porque as crianças não sabem ler letras.*
> Carolina, 5 anos

Pedagogia do oprimido é a obra mais famosa do educador brasileiro Paulo Freire, reconhecido mundialmente por seu compromisso com os oprimidos do mundo inteiro. Para mim, é impossível pensar em escuta de crianças sem pensar nesse grande mestre. As crianças, tal qual outras minorias, foram oprimidas por décadas: não tinham o direito à voz, às escolhas; sempre fizeram parte do grupo invisível, principalmente nas unidades escolares.

No início de sua história, em meados no século XIX, as escolas de Educação Infantil brasileiras concebiam a criança como uma flor a ser regada, tanto que as professoras eram denominadas "jardineiras". Posteriormente, na década de 1970, vivenciamos a Educação Infantil como educação compensatória, pautada no cuidar e nos exercícios repetitivos, sem levar em conta que as crianças das classes menos favorecidas tinham algum conhecimento que pudesse ser considerado. A educação compensatória foi criada para "compensar" a carência cultural de tal grupo de crianças e ela guarda forte parentesco com a "educação bancária", explicitada por Freire.

Fui educadora do antigo Mobral e recordo que fiquei totalmente encantada e impactada com a crítica de Paulo Freire à assim chamada "educação bancária". Dizia ser um processo de aprendizagem no qual o aluno é apenas um sujeito passivo em sala de aula. O professor "deposita" o conhecimento no "banco", que seria a "cabeça" do aluno, um método tradicionalmente aplicado nas escolas. Um modelo de educação autoritária, na qual o conhecimento prévio do aluno, adulto ou criança era ignorado, e não havia espaço para a curiosidade, apenas para a repetição sem sentido de saberes hierarquizados.

Paulo Freire propõe uma educação que seja a antítese dessa "educação bancária", ou seja, que considera na construção de novos saberes a experiência vivida, a dialogicidade entre os sujeitos e o conhecimento, sem que haja conhecimentos superiores a outros: uma educação como prática de liberdade.

Outro ponto no qual Freire insiste é a importância do trabalho com a realidade dos alunos, pois o conteúdo torna-se significativo quando os assuntos abordam o cotidiano de sua comunidade. A educação, segundo ele, precisa ser "libertadora", sem reproduzir o autoritarismo que está presente em nossa sociedade como herança histórica: "o oprimido não pode ser libertado para depois assumir o papel de opressor" (FREIRE, 1987, p. 26).

A educação tem a missão de despertar no aluno o questionamento sobre a opressão da qual ele é vítima, seja social, racial ou econômica. Sua função é estimular, no aluno, a vontade de conhecer a razão pela qual a sociedade é da maneira que é; desvelar seu papel transformador como indivíduo; instigá-lo a usar o conhecimento para intervir em sua realidade, com a consciência de que não há neutralidade no discurso e na prática.

Na Educação Infantil não damos "aula", não trabalhamos com competências ou rol de conteúdos, ou pelo menos não deveríamos fazê-lo, se queremos respeitar o processo de desenvolvimento dos pequenos. Isso está explicitado inclusive nos documentos oficiais: a BNCC (BRASIL, 2018) propõe, para esse segmento, a organização em campos de experiências. Nesse sentido, destaca a amplitude de experiências que as crianças podem viver na escola. Devemos, sim, oferecer espaço para que as elas desenvolvam suas potencialidades a partir do real vivido, oferecer tempo para que utilizem suas linguagens para entender o mundo, para transformar o espaço ao seu redor. Olhar a criança em sua integralidade, em sua "inteireza", como sujeitos que têm algo a ensinar e a aprender com o outro, sem dominação pelo controle, pela didatização dos conteúdos observados ou pelo silenciamento de suas vozes.

O Conselho Mirim caminha nos passos alargados por Paulo Freire, apresentando às crianças a oportunidade de pensar sobre suas realidades e de levantar hipóteses factíveis e utópicas, fazendo-as descobrir que transformar o espaço ao seu redor está ao alcance, pois para elas tudo é possível. Ao serem convidadas a participar das decisões que lhes dizem respeito em casa, na escola, na sociedade, elas constroem autonomia ao pensar e, ao organizar suas ideias, aprendem que também podem ter voz.

Ouço muitas críticas endereçadas aos pais e educadores que levam as crianças em passeatas e assembleias, e, ao mesmo tempo, exigem cidadãos críticos na vida adulta. Aprendemos a falar, falando. Aprendemos a escrever, escrevendo. Aprendemos a participar do destino de nosso país, participando. Ouso parafrasear

Emilia Ferreiro, chamando tal participação de "letramento político": dar voz às crianças. Ter sensibilidade para entender o grupo, suas necessidades, suas manifestações por meio de brincadeiras, diálogos e gestos é essencial para a interpretação das linguagens usadas nas diferentes formas de participação das crianças e para dar visibilidade às suas percepções sobre as experiências de vida. O Conselho Mirim é um espaço para dar vazão à participação política das crianças.

Larrosa e o conceito de infância

> *O adulto não entende a criança, quer que faça tudo como ele quer, mas a gente faz do nosso jeito.*
>
> Antônio, 5 anos

A concepção de infância como "um outro", proposta por Jorge Larrosa, nos autoriza a aprender com as crianças um pouco da sua sabedoria, da forma como habitam o mundo, de como entendem as coisas:

> A infância é um outro: aquilo que, sempre além de qualquer tentativa de captura, inquieta a segurança de nossos saberes, questiona o poder de nossas práticas e abre um vazio em que se abisma o edifício bem construído de nossas instituições de acolhimento. Pensar a infância como um outro é, justamente, pensar essa inquietação, esse questionamento e esse vazio. (LARROSA, 2019, p. 230)

Infelizmente, nós, adultos, aprendemos a ver nas crianças menos saber, mais necessidade de aprender, saberes menores que pouco têm a ensinar. Por outro lado, ao conviver e nos aquietar para observar as crianças, encontramos um mundo desconhecido, do qual não conseguimos capturar toda a essência, mas fazemos descobertas incríveis, como o exercício da democracia, nos desfazendo da ideia do poder do adulto para a escuta do poder da criança.

A escola "escolariza" tudo o que toca, quando, na verdade, deveria ser um lugar de reinício do mundo e de abrigo da infância: um momento de acolher as crianças e apresentá-las ao mundo. Larrosa defende que as instituições educativas busquem menos a padronização e trabalhem com o inesperado, o surpreendente, pois a infância traz consigo a possibilidade do recomeço, da transformação. Ela nos confronta com o abismo entre o que falamos e o que fazemos nas escolas, pois a experiência necessita de tempo e pausa.

As ações do Conselho Mirim tentam reduzir essa distância ao concretizar um lugar de acolhimento onde as crianças possam se expressar: verbalizam, analisam, interpretam o cotidiano e revelam competências para solucionar problemas, questionar o óbvio, recriar processos que a humanidade já viveu historicamente, propondo soluções para os novos tempos.

Larrosa nos leva ao vazio do não saber, que gera inquietude sobre a infância como "outro", e as crianças o preenchem revelando suas infâncias, descortinando as lógicas do cotidiano e nos encantando com sua simplicidade e profundidade simultâneas, como "um outro".

Malaguzzi e a pedagogia da escuta de Reggio Emilia

Eu entendo com o pincel.
Lorena, 5 anos

Loris Malaguzzi, acadêmico, filósofo e pesquisador italiano, idealizou a abordagem pedagógica centrada na criança e suas linguagens adotada pela região de Reggio Emilia, localizada no norte da Itália, e que é referência mundial de qualidade na Educação Infantil.

O educador e seus seguidores construíram uma maneira de pensar e viver a Educação Infantil com gestão participativa junto com as famílias, um projeto político de sociedade que oferece uma educação plural, aberta ao mundo, com uma concepção de criança potente e de escola da infância como lugar de encontro e de vida em comum.

Malaguzzi (1999) nos faz refletir sobre o potencial das crianças e o respeito a seus direitos, a importância da documentação pedagógica como diálogo entre escola, crianças, professores, famílias e comunidade, e que apresenta a sistematização do processo das produções infantis. Segundo o educador, as crianças têm "cem linguagens", com as quais expressam ideias e desenvolvem projetos, mas aponta que a escola retira 99 delas, pois prioriza algumas em detrimento de outras.

As escolas de Reggio têm como princípio a pedagogia da escuta, entendida como a necessidade de coletar, organizar e interpretar com receptividade o que adultos e crianças produzem no contexto da experiência, de modo a legitimá-las.

Loris Malaguzzi dizia que as crianças são portadoras do inédito e que podemos nos abrir às novidades que elas trazem nos distanciando das questões binárias de certo e errado, das "certezas provisórias". Ele propõe a criança e o professor como protagonistas, construtores de suas aprendizagens. Nesse contexto, a tarefa do educador é dar orientação, sentido e valor às experiências das crianças, reconhecendo-as como significativas. Constatam que elas compartilham conhecimentos por meio de múltiplas linguagens, e por isso os conhecimentos e saberes não estão divididos em assuntos escolares, e sim organizados em projetos para aprofundamento. A parceria entre crianças, adultos e o conhecimento é fundamental para a construção de novos saberes.

Nessa pedagogia, arte e estética são ferramentas para a lapidação do pensamento, partes essenciais da maneira como as crianças compreendem o mundo. Há um respeito enorme pelas ideias delas nas suas mais variadas manifestações. Acreditam que a criança tem direito à civilidade, à civilização e à vida cívica. Nessa perspectiva, o trabalho cooperativo, o pensar com os outros, exercendo a cidadania e o protagonismo compartilhado, são princípios do trabalho.

Para a concepção do Conselho Mirim, usamos como inspiração as ideias de Malaguzzi e a pedagogia da escuta: investigamos e aprendemos com as crianças, ressignificando conceitos e escolhas que encontram, na noção de pertencimento desse projeto, o protagonismo delas.

No trabalho cotidiano, estabelecemos diálogos com suas expressões, com o que nos dizem como possível no aqui e agora, desvelando conhecimentos, valores, culturas, de modo a encontrar sentido para cada fazer, visando o bem comum. Carla Rinaldi, sucessora de Malaguzzi na coordenação das escolas infantis de Reggio, afirma:

> No sentido metafórico, as crianças são as maiores ouvintes da realidade que as cerca. Elas possuem o tempo de escutar, que não é apenas o tempo para escutar, mas o tempo rarefeito, curioso, suspenso, generoso, um tempo cheio de espera e expectativa. As crianças escutam a vida em todas as suas formas e cores, e escutam os outros. (RINALDI, 2012, p. 126)

VOZ COMO DIREITO, NÃO COMO CONCESSÃO

> *Escutar a gente é entender o que a gente fala, quando a gente não fala tudo.*
>
> Gabriel, 5 anos

No trabalho com crianças pequenas de quatro a seis anos, o espaço de diálogo e os momentos de conversa revelam-se potentes ferramentas para desenvolver aspectos como a empatia, o reconhecimento do diferente, a gestão de emoções com a palavra poética, com a palavra que expande, que nos ajuda a construir a identidade e a relação com o outro. E é nessa palavra, que navega entre o imaginário e o real, que se projeta a sabedoria desses encantadores seres.

Carla Rinaldi faz uma importante diferenciação do conceito de direitos das crianças em contraponto com o de necessidades:

> O conceito de subjetividade e de intersubjetividade surge como um debate cultural e político. E foi nesse contexto que o conceito de direitos apareceu, em contraposição ao conceito de necessidades. O conceito de cidadania baseado nas necessidades é completamente diferente do conceito de cidadania fundamentado nos direitos. A perspectiva se modificou totalmente, pois surgem no contexto. (RINALDI, 2012, p. 330)

Dar voz às crianças como direito, partir das ideias e colocá-las em prática foram as motivações para dar início ao projeto Conselho

Mirim, que busca construir com as crianças um lugar para sua participação democrática. Um lugar onde possam falar sobre suas ideias, resolver conflitos, pensar em formas de encantar a escola, tornando-a mais bonita, brincante, de modo a construir espaços e tempos significativos para e com a infância, de acordo com suas percepções.

As crianças têm uma forma própria de significar o mundo, possuem um olhar sensível e crítico; mas descobri que não basta fazer-lhes perguntas para que respondam, precisamos dar condições para suas manifestações, para que realmente se revelem.

Para que o diálogo fosse realmente acolhedor, houve um grande investimento na formação dos demais gestores da escola – assistente de direção e coordenadora pedagógica – para o trabalho com o Conselho Mirim, o delineamento das ações para a escuta das crianças, os registros e as intervenções.

A equipe gestora iniciou o trabalho na EMEI Dona Leopoldina com o pensamento do grande mestre Paulo Freire:

> A qualidade dessa escola deverá ser medida não apenas pela quantidade de conteúdos, mas igualmente pela solidariedade de classe que tiver construído, pela possibilidade que todos os usuários da escola, incluindo pais e comunidade, tiverem de utilizá-la como um espaço para a elaboração de sua cultura. (FREIRE, 1991, p. 15)

Ouvimos toda a comunidade escolar para fazer um diagnóstico sobre a realidade da nossa unidade. As crianças foram as primeiras a serem ouvidas nesse processo: o projeto partiu de uma escuta sensível, buscando a autonomia e a autoria das crianças, com vistas à criação de tempos e espaços para que pudessem viver as infâncias, e, dessa maneira, ampliar suas realidades sociais e culturais.

A intenção era incluir as crianças na participação da gestão da escola: contribuir para o diálogo entre elas e os adultos; respeitar a cultura infantil; e fomentar a tomada de decisões em igualdade de condições, respeitando as ideias e proposições das crianças, mesmo que inicialmente parecessem descabidas ao olhar adulto. A escuta das crianças no Conselho Mirim deixa o adulto em contato com o ponto de vista delas e com suas especificidades, valorizando o protagonismo e a produção infantil. Elas são motivadas a levantar hipóteses, tirar conclusões, ampliar o conhecimento do que observam e constroem sobre o mundo. É um espaço de reflexão de temáticas ligadas ao cotidiano da ação educativa, um lugar para exercer a cidadania.

Conselho Mirim: uma experiência brasileira

> *Conselheiro dá ideias e ajuda a*
> *diretora a melhorar a escola.*
> Maria Eduarda, 5 anos

Aqui faço referência ao Conselho Mirim da EMEI Dona Leopoldina, da qual fui diretora por dez anos. Essa escola atende 240 crianças em período integral das comunidades da Vila Leopoldina, Jaguaré e Alto da Lapa, comunidades que são bem heterogêneas.

Seu Projeto Político-Pedagógico visa à construção de espaços educadores, onde a infância possa ser vivida, enriquecida e compartilhada, de modo a transformar a escola em um lugar para encontros: com as pessoas, com os bichos, com as plantas. Encontros que ocorram por meio das múltiplas linguagens e gerem processos de educação ambiental, pois a natureza é um de seus principais eixos, assim como a arte e a brincadeira. Seu objetivo principal é resgatar o quintal e a rua, espaços que as crianças perderam nos últimos tempos, e fomentar momentos para os rituais da cultura da infância.

Por meio dos projetos de trabalho desenvolvidos, temos como foco privilegiar o protagonismo infantil, fomentar a cidadania, resgatar as culturas populares, fazer uso das múltiplas linguagens, discutir as relações étnico-raciais, refletir sobre a educação para a sustentabilidade e o consumo consciente, promover a construção da autonomia e da participação na cultura.

O Conselho Mirim foi iniciado por mim no ano de 2012, quando ingressei nessa escola, mas ressalto que desde 1984 utilizo essa prática como professora e diretora de escola pública em outras unidades. Foi o caminho mais bonito que encontrei para o diálogo sensível com as crianças e com minha práxis.

Por que formar o Conselho Mirim? Porque não é possível construir um projeto de escola democrática sem a participação das crianças, sem sua percepção sobre a escola e o território, sobre suas hipóteses e conhecimentos. O primeiro movimento foi a construção de vínculo com as crianças: ouvimos suas falas, observamos seus gestos, organizamos formas de interagir, encontramos sentidos para o fazer conjunto – isso para que elas não perdessem a espontaneidade apresentada entre seus pares no contato com os adultos.

Explicamos para as crianças que escrevemos o que falam e fazem para que não esqueçamos, assim como elas desenham para lembrar depois, no caderno de memórias. Cabe à equipe gestora a coordenação do Conselho Mirim da EMEI, composto de representantes de cada turma: no total são oito turmas mistas, com crianças de quatro a cinco anos.

Fazemos coro com Lev Vigotski (2018, p. 47) quando afirma que "é por meio do convívio com o outro que o homem se constitui". O sociointeracionismo, proposto pelo psicólogo bielorrusso, defende que o ser humano é resultado das interações, e estas potencializam o desenvolvimento das crianças. Acreditamos que as trocas de experiências entre as crianças é uma excelente fonte de aprendizado, que pode ser ainda mais eficiente no convívio entre crianças de idades diferentes.

É de Vigotski também o conceito de zona de desenvolvimento proximal, a distância entre aquilo que um indivíduo já sabe fazer sozinho e o que é capaz de realizar com a ajuda do outro. Com base nessa premissa, depreende-se a ideia de que os pequenos precisam se relacionar não apenas com crianças da mesma idade: os mais velhos elaboram construções que os menores ainda não conseguem realizar sozinhos, o que é um convite ao aprendizado, ao protagonismo, sem segregação etária.

Seguimos essa mesma concepção para a composição do Conselho Mirim. No primeiro ano de trabalho, as professoras escolhiam os representantes e às vezes tínhamos muitas meninas ou muitos meninos, dependendo do grupo, fato que incomodava as crianças: não entendiam e não aceitavam não haver paridade entre eles. "Por que tem mais meninos que meninas?", perguntavam as meninas. Esse foi o primeiro encontro com a transgressão das crianças ao formato que propusemos.

Posteriormente, as crianças também questionaram por que não poderiam elas mesmas escolher e sugeriram um menino e uma menina como representantes de cada turma. As sugestões foram acolhidas, nenhum adulto havia pensado sobre essa composição, apesar do foco principal ser a voz das crianças. A despeito de todo o discurso, não havia inicialmente a possibilidade de escolha por parte delas.

A fala de Aline (5 anos) nos perturbou: "Pode deixar, nós também conseguimos escolher bem". O que podemos concluir dela? Apesar de todas as nossas propostas, concepções e teorias, não acreditamos realmente na capacidade de escolha das crianças? Lembramos a constatação de Pinto e Sarmento (1997, p. 25): "O olhar das crianças permite revelar fenômenos sociais que o olhar dos adultos deixa na penumbra ou obscurece totalmente".

Em uma das reuniões de professores, discutimos a permanência ou não, pelo segundo ano consecutivo, de uma criança escolhida por seus pares no Conselho Mirim, mas que no primeiro ano não havia sido muito atuante. Ela observava tudo, porém somente falava quando solicitada, e as professoras questionavam se seria interessante mantê-la no Conselho Mirim.

As crianças revelam que sabem "escolher bem", mas os adultos questionam suas escolhas. O Conselho tem como intencionalidade o desenvolvimento da cidadania, da igualdade, mas os adultos pensavam em excluir a criança que usava outra linguagem além da verbal. Foi difícil para eles perceber a contradição entre as ações e o discurso, mas as crianças a elucidaram com a maior facilidade. A criança cuja permanência no conselho estava sendo questionada foi mantida por votação de seus pares e, no segundo ano, revelou-se a líder do grupo. Continuava muito observadora e sempre tinha algo a dizer sobre os assuntos discutidos.

A postura "adultocentrista" foi claramente descortinada pelas crianças com toda a sutileza, a mesma que não tivemos para a proposição da escolha dos representantes. O pensador, pedagogo e desenhista italiano Francesco Tonucci nos alerta para o que implica escutar:

> Escutar significa precisar da contribuição do outro. Não basta haver interesse, motivação, convicção de que seja uma boa técnica para envolver as crianças; é preciso sentir, sincera e urgentemente, essa necessidade. É necessário precisar das crianças. (TONUCCI, 2005, p. 180)

Após essa constatação, acolhemos a ideia e, desde então, no Conselho Mirim há um representante escolhido pelas crianças e outro pelas professoras: haver um menino e uma menina assegura a igualdade de gênero e, se a criança for escolhida novamente, essa decisão é respeitada, sem questionamentos.

Antes das reuniões de conselheiros há uma assembleia no pátio, com todas as crianças, para levantamento dos assuntos para discussão. Na impossibilidade de sua realização, as educadoras conversam nos pequenos grupos de crianças e trazem as temáticas para a equipe gestora. Após a definição dos temas levantados, cada turma faz sua roda de conversa, registra, utilizando as várias linguagens, e traz a devolutiva para a reunião com os conselheiros. As falas das crianças servem de mote para as discussões com o Conselho de Escola, o conselho dos adultos.

As crianças trazem ideias não somente no Conselho Mirim, mas durante as interações nos diferentes espaços, pois elaboram pensamentos e colocam suas opiniões o tempo todo: no parque, no refeitório, na horta, no tanque de areia, na entrada, na saída, e sempre nos procuram para perguntar algo, fazer alguma observação, como fizeram Maria Eduarda (5 anos) – "Temos que conversar com todas as crianças, vi uns meninos quebrando os carrinhos da pista" – e Yuri (4 anos) – "Por que não pode repetir a fruta depois do almoço?".

Escutar as crianças nos vários espaços e levar a sério seus questionamentos e ideias é preconizar o desenvolvimento da autonomia delas e expandir suas possibilidades de participação no mundo social, nossa tarefa primeira. Porque ser humano significa, em princípio, ser sujeito de escolhas, que devem se dar no âmbito da tomada de consciência, da reflexão constante, e com a promoção de ações que visam ao respeito à vida coletiva.

Observar e registrar as falas e expressões das crianças em diferentes interações nos instrumentaliza para pensar em ações realmente significativas para a discussão com adultos e crianças, para que contribuam na construção da identidade do grupo, dos ambientes e de cada um na relação com todos. A partir dessa premissa, nos primeiros encontros foram realizadas muitas rodas de conversa sobre o Conselho Mirim, nas quais discutimos o funcionamento do órgão, o significado das vozes infantis, a importância para a escola e para as crianças.

"Nós vamos poder falar tudo que queremos?", perguntou Clara (5 anos). "Mas pode falar qualquer coisa?", completou Pedro (5 anos), de olhos arregalados. Essas falas dizem muito sobre como as crianças percebem quando são ouvidas verdadeiramente ou apenas consultadas, ou, ainda, entendem que devem falar apenas o esperado e permitido pelos adultos.

O início foi bem conturbado: algumas queriam ser ouvidas ao mesmo tempo, enquanto outras não se manifestavam. Demos um tempo para que se pronunciassem e observassem o desenvolvimento do grupo. Percebemos que falavam muito sobre o que gostavam e o que não gostavam na escola, e lançamos essa questão para todas as turmas; posteriormente, a trabalhamos com os adultos também.

Quando as crianças começaram a falar sobre a escola, sobre os tempos, espaços e sentimentos que nutriam, isso provocou um grande desconforto nos educadores e nas famílias, e serviu de mote para muitas discussões. Registramos relatos extremamente relevantes para reflexão com os adultos, a respeito do ponto de vista das crianças, que impactaram a construção do currículo da EMEI:

- "Não gostamos de dormir sem vontade." (Ana Beatriz, 5 anos)
- "As professoras não deixam brincar na terra e subir nas árvores." (Eduardo, 4 anos)
- "Gostamos de brincar no parque, mas os brinquedos estão quebrados." (Mateus, 4 anos)
- "Por que tem tanque de areia, mas não tem areia dentro?" (Clara, 5 anos)
- "Não tem brinquedos para brincar." (Rodrigo, 4 anos)
- "É chato ficar muito tempo sentado." (Marcelo, 5 anos)

A partir dessas e de outras colocações, conversamos com as educadoras e as famílias sobre a necessidade de construção de um currículo que contemplasse as demandas das crianças. Foram muitas as discussões em que tivemos de fazer frente à negação do valor das falas das crianças: para cada fato apontado por elas aparecia um argumento pautado em crenças centradas apenas na perspectiva dos adultos, muitas vezes baseadas em uma concepção de escola conteudista.

Somente após muitas reuniões formativas sobre concepção de mundo, de escola, de criança, do projeto de educação que desejamos, colocando a criança como principal protagonista, os adultos motivaram-se a ouvir verdadeiramente as queixas apresentadas por elas. Essa temática serviu de mote para as rodas de conversa em todas as turmas, que resultaram em desdobramentos de ideias para os mais variados tempos e espaços da escola.

No próximo capítulo, apresento algumas das discussões iniciais e muitos relatos de crianças, pois não é possível escrever sobre Conselho Mirim sem a marca desses pequenos cidadãos. Ouvimos atentamente. Era nosso primeiro ano compondo a equipe gestora, queríamos compreender como elas viam a escola para pensarmos ações significativas. Escolhi não falar por elas, e sim trazer suas vozes transcritas em registros que guardo como um tesouro, costurando ideias, compartilhando memórias sobre os direitos das crianças.

DIREITOS DAS CRIANÇAS

> *Adulto tem muitos direitos, mas as crianças também têm, minha professora leu os direitos das crianças, é uma lei.*
>
> Fernando, 5 anos

Durante a formação do Conselho Mirim, apresentamos e lemos vários livros com as crianças sobre seus direitos: *Os direitos das crianças*, de Ruth Rocha (2014); o Estatuto da Criança e do Adolescente (BRASIL, 1990); *O livro dos grandes direitos das crianças*, de Marcelo Lourenço e Hiro Kawahara (2011); *Gente pequena também tem direitos*, de Malô Carvalho (2012). Realizamos rodas de conversa sobre os direitos e deveres das crianças e adultos no cotidiano: na casa, na escola, na rua, nos diversos espaços e situações.

Sobre o direito de subir em lugares altos

> *Sobe na árvore quem sabe subir.*
>
> Fernando, 4 anos

A escola possui muitas árvores frutíferas e algumas são convidativas para subir, pois seus galhos parecem fazer "uma escadinha", como dizem as crianças. Mas os adultos não queriam que as crianças subissem nelas, assim como não as deixavam subir no trenzinho de cimento, por medo de que se machucassem. O que há de intrínseco nessa afirmativa? A escola é um lugar somente para cuidar das crianças? Não é um lugar para descobertas? Onde está o corpo da criança? Como estabelecemos as regras? Nossa escola traz a vida para dentro ou a deixa para fora de seus portões?

A partir dessas reflexões e da busca por respostas, iniciamos a construção de combinados, de troca de diferentes pontos de vista, que nos levaram à elucidação da nossa concepção do trabalho com crianças pequenas. Discutimos qual é nossa intencionalidade; para quem estamos trabalhando; que tipo de crianças queremos ajudar a formar; o que estamos desenvolvendo com os pequenos; quais mensagens transmitimos para as crianças com nossas ações.

As crianças queriam muito subir nas árvores e no trenzinho. Sempre que podiam, a qualquer desvio do olhar da professora, subvertiam a ordem imposta. Nas reuniões de Conselho Escolar, com educadores e famílias, a equipe gestora apresentou essa observação, deixando claro que, independentemente do aval dos adultos, sabemos que as crianças encontram uma forma de fazer o que acham interessante, uma vez que querem colher as frutas, ver a escola de outra perspectiva visual. Entretanto, os adultos sempre reforçavam que subir em lugares altos era muito perigoso, as mães diziam que as professoras deviam tomar mais cuidado, e com isso estávamos em um verdadeiro impasse, até que as crianças se manifestaram:

- "Se a criança cair, ela levanta e pode chorar se quiser." (Caroline, 4 anos)
- "Sobe até onde der." (Clara, 5 anos)

- "Quem tem medo não sobe muito." (André, 4 anos)
- "Se a criança ficar com medo, o amigo ajuda." (Letícia, 5 anos)
- "A professora segura quem cair." (Matheus, 4 anos)

Argumentos simples e irrefutáveis, pois as crianças sabem do que são capazes e descobrem seus limites, revelando-os aos educadores observadores. Elas ensinaram aos adultos como converter a teoria em prática: educadoras e famílias ficaram surpresas com a sabedoria e a coerência das crianças. Havia uma distância entre a segurança requisitada pelos adultos e a sugerida pelas crianças, mostrando que elas podem correr riscos e confiam em suas capacidades, dentro de suas possibilidades.

A partir dessa reunião, ficou deliberado que as crianças têm o direito de exercitar o corpo, de fazer descobertas, de testar seus limites subindo nas árvores, no trenzinho, mas ainda sob olhares ressabiados de alguns pais e educadores. Um paradoxo entre a concepção de educação impregnada na escola, voltada para o cuidar, em contraponto aos estudos sobre as infâncias e o processo de desenvolvimento das crianças, denotando outra concepção de educação das crianças como investigadoras, como autoras.

As crianças usufruíram dos seus direitos, duramente conquistados, e construíram muitas outras regras coletivamente, mostrando-se competentes no enfrentamento dos problemas que surgiram no decorrer das brincadeiras "de subir" em lugares mais altos, como nos relatam seus comentários:

- "Só pode subir dois de cada vez em cada árvore, ela não aguenta mais." (Gabriel, 4 anos)

- "Não pode subir quando a árvore estiver com flor porque a flor cai e não nasce." (Júlia, 5 anos)
- "Não pode subir na árvore quando a fruta está verde, não vai dar para comer e ela cai." (André, 5 anos)

Quantas descobertas as crianças viveram antes da construção dos combinados! Perceberam que o peso de mais de duas crianças enverga a árvore, quebra seus galhos; que ao subir na árvore florida seus galhos balançam, as flores caem e não se abrem, ou não se transformam em frutos; observaram que o fruto precisa amadurecer para ser colhido e comido.

As experiências transformaram-se em conhecimentos, em inspiração para a criação de combinados, para a ação coletiva cotidiana. Desde que esses combinados foram construídos, eles são seguidos, e não tivemos crianças que se machucaram nas árvores. Isso nos mostra como as regras arquitetadas pelas e com as crianças são internalizadas e ganham sentido, como a escuta atenta valida a voz das crianças.

Sobre o direito de escolha: dormir ou não dormir?

Dorme só quem tá com sono.

Ian, 4 anos

Uma das maiores reclamações das crianças se referia à hora do sono: elas não gostavam de dormir nas salas. As crianças encontraram respostas que foram muito questionadas pelos adultos, pois estes achavam que elas deveriam dormir à tarde, mesmo sem vontade, uma vez que permaneciam em período integral na escola e essa ação estava cristalizada na rotina.

Após o almoço, as educadoras retiravam os trinta colchonetes que ficavam empilhados na bancada da sala, encobrindo a vista da janela, e os colocavam no chão, enfileirados, para cada criança dormir. Sem lençol, sem travesseiro, sem higiene adequada. Todos eram condicionados a dormir, mesmo sem vontade. As professoras apagavam as luzes, cuidavam para que todos ficassem em silêncio e tentassem repousar. As condições para o sono e sua intencionalidade não incomodavam educadoras e famílias, mas o fato de discutir ou retirar a hora do sono, sim.

As crianças declaravam:

- "Não gostamos de dormir na sala." (Antônio, 5 anos)
- "É muito ruim o cheiro de chulé que fica." (Bárbara, 5 anos)
- "O colchonete é quente, fica todo mundo suando." (Vítor, 5 anos)
- "É chato ficar sem falar e não fazer nada." (Gabriela, 4 anos)

O que as crianças nos diziam? Por que esse momento cotidiano as incomodava e aos adultos não? Por que não era possível pensar em tempos e maneiras diferenciadas para o repouso? Por que a percepção das crianças nunca era levada em consideração? Por que as crianças precisam dormir todas ao mesmo tempo, no mesmo horário, sem vontade?

A atenção aos relatos das crianças é um importante fator na construção e reflexão da práxis educativa. Em nada auxilia ouvir as crianças e não problematizar o que se ouve. Faz sentido o que dizem? É possível construir outro olhar, mais acolhedor?

Foram realizadas muitas discussões sobre as necessidades diferenciadas das crianças, bem como as dos adultos; estudos sobre o significado do repouso na escola; as condições necessárias, expressas nitidamente pelas crianças como inadequadas, como a falta de local e higiene apropriados. Muitas reflexões se fizeram necessárias, ouvindo educadoras, famílias e novamente as crianças, pois os adultos não conseguiam admitir a retirada da hora do sono.

As crianças, por sua vez, continuavam insistindo, e a equipe gestora mantinha a validação da voz das crianças. Na reunião do Conselho Mirim, a resposta certeira mais uma vez partiu das crianças:

- "Dorme quem quer." (Alice, 5 anos)
- "Quem não está com sono, vai brincar." (Sofia, 5 anos)

Essa proposta convenceu crianças e adultos, colaborou para a construção de tempos diferenciados para o repouso, considerando também as crianças que não apresentavam essa necessidade e garantindo-o para aquelas que queriam dormir. Uma semana depois de implantada, ninguém mais via o dormir como obrigatório e esse horário foi substituído por momentos com fazeres mais calmos e opções de escolha para os pequenos.

Indagamos como poderíamos organizar um momento para quem quisesse dormir ou apenas relaxar. Houve uma chuva de ideias na assembleia:

- "Pode colocar uma rede."
- "Jogar um pano embaixo da árvore."

- "Fazer um cantinho calmo."
- "Deixar ficar onde for legal para descansar."
- "Colocar uma caminha."

Ao contrário dos adultos, que sempre apontavam a necessidade de haver um lugar específico para a hora do repouso – construção inviável pela falta de recursos financeiros e humanos, pois não tínhamos um educador específico para cuidar das crianças que dormiam enquanto outras brincavam –, as crianças apontaram soluções práticas e possíveis.

Compramos redes e construímos um redário embaixo de um belo fícus centenário, com galhos que abraçam o céu, formando uma enorme sombra. Passamos a utilizar tecidos, tatames, cangas para cobrir a terra, a grama e onde mais as crianças quisessem relaxar. Adquirimos caminhas empilháveis para cada sala, caso o sono não aguentasse esperar.

Após muitas reflexões sobre o funcionamento do período da tarde, quando era realizada a hora do repouso, planejamos uma linha do tempo diferenciada: cada professora planejava uma atividade, contemplando várias experiências em determinado espaço – teatro, dança, música, intervenções no parque, histórias, puro ócio –, e as crianças escolhiam quanto tempo ficar em cada ambiente, com quais amiguinhos e com qual educadora. Esse trabalho contemplou o desejo de algumas crianças que preferem atividades mais calmas e das que necessitam gastar mais energia.

Sobre o direito de apresentar a escola

Pode me seguir que eu mostro tudo.

Vitória, 5 anos

Rotineiramente, recebemos muitas solicitações de visita à nossa unidade: várias outras escolas da rede pública e privada; pesquisadores de universidades; educadores estrangeiros que querem conhecer o Projeto Político-Pedagógico da EMEI Dona Leopoldina. Mensalmente, agrupamos os visitantes, os recebemos para uma roda de conversa com a equipe gestora e um passeio guiado pelos espaços. Durante algumas visitas, as crianças espontaneamente entravam na roda, ficavam quietinhas observando e, de repente, começavam a dialogar com os participantes. Algumas crianças começaram a acompanhar o trajeto guiado pela equipe gestora, apresentando os espaços e explicando as experiências que viviam em cada lugar.

Percebemos a mensagem das crianças: queriam mostrar a escola em parceria com os adultos, e assim o fizemos. Falamos tanto sobre o protagonismo delas; como não pensamos nessa possibilidade? Conversamos com os conselheiros sobre o que fazemos quando recebemos visitas em casa e o que poderíamos fazer para os visitantes da escola. Ana Júlia (4 anos) logo disse: "A gente brinca, conversa, oferece comida".

Atualmente todos os visitantes são recepcionados pelas crianças em um passeio regado a muitas conversas. Elas mostram os espaços, relatam o que fazem, respondem às inúmeras perguntas e, quando percebem uma brincadeira interessante da sua turma ou estão cansados, saem correndo, dizendo que já voltam. Às vezes não voltam, porque viver intensamente cada momento faz parte da infância, e isso é muito respeitado no Conselho Mirim, de modo que a ação de apresentar a escola está atrelada ao prazer.

Por ocasião da visita da professora universitária Emília Cipriano e de uma turma de pedagogia, Vitória (5 anos) as acompanhou e apresentou nossa escola. Ao ser indagada se era conselheira, ela respondeu: "Eu sou coordenadora do Conselho Mirim, pode perguntar que eu sei tudo da escola". E saiu apresentando todos os espaços e explicando o que as crianças faziam em cada um deles.

Cabe aqui destacar que Vitória não foi escolhida como conselheira, tinha muita dificuldade em permanecer com sua turma, dificilmente participava das propostas das professoras, mas frequentemente acompanhava a equipe gestora e exercia todo seu protagonismo na interação com os adultos visitantes. Extremamente observadora, fazia diversos questionamentos e nos "imitava" em suas colocações e formas de descrever cada projeto ou ambiente da escola. Essa foi a maneira de ouvirmos Vitória: para que se sentisse pertencente, transformou-se em nossa coordenadora mirim. Uma vez perguntaram-lhe: "Por que você gosta de participar das reuniões?", ao que ela respondeu: "Porque fico mais sabida".

Sobre o direito de escolher o ritual de passagem

Podia ter luzinhas piscando.

Rafaela, 4 anos

Uma das grandes discussões que tivemos foi sobre a comemoração do final de ano e a despedida de algumas crianças que iriam para o primeiro ano em outra unidade escolar. Em anos anteriores, antes da minha gestão, havia um ritual de formatura com discursos de educadores; apresentações para as famílias de números ensaiados exaustivamente pelas crianças; elas usavam becas e recebiam um diploma simbólico enrolado em um canudo, tal qual nas formaturas dos adultos.

No Conselho de Famílias e Educadores e no Conselho Mirim conversamos sobre como elaborar um ritual de passagem que fosse significativo para as crianças. Foi uma discussão acalorada com os adultos, pois entendiam o ritual como destinado somente a eles. No debate com as crianças, elas apontaram que as festas eram "chatas, esperavam muito, tinham que ensaiar músicas e danças até cansar, não podiam brincar e os adultos falavam muito". As mais velhas, que haviam vivido a experiência do ano anterior, entendiam e queriam que os adultos participassem da comemoração, mas de outro modo.

A partir desses argumentos, ouvimos as crianças sobre como gostariam de fazer o ritual de passagem. Nos primeiros anos, pediram muitas comidas, brincadeiras, momentos para cantar e dançar, sempre com o convite para as famílias participarem, especialmente das refeições: café da manhã e almoço.

Em um dos anos, uma criança sugeriu fazer um churrasco. Os adultos acharam impossível fazê-lo para tantas pessoas, ao que Isabella (5 anos) respondeu: "Meu avô tem um açougue, ele pode dar a carne". Discutimos que seria muita carne e não poderíamos pedir tudo para seu avô, pois ele iria ficar sem carne para vender. Logo Maurício (5 anos) deu outra sugestão: "Então vamos pedir para todos os açougues". Por que não tentar?

E a churrasqueira? "Não temos", apontaram os adultos. João (5 anos) disse: "Meu pai tem, ele empresta e eu trago na mochila". Por que não poderíamos pedir emprestado?

Crianças encontram soluções simples e mágicas para tudo, mas nos tiram da zona de conforto, nos obrigam a pensar em caminhos diferentes, são generosas, buscam respostas para os problemas em suas vivências e estão sempre dispostas a colaborar, são autorais. Sem romantizá-las, é impossível não observar como realmente dialogam, e como nós, adultos, precisamos encontrar formas de ouvir, negociar, interpretar e dar suporte às ideias delas, pois a participação real de todos é fundamental para a relação de pertencimento que se cria no cotidiano.

Após a primeira discussão, nossos rituais nunca mais foram os mesmos. A comida sempre foi um elemento aglutinador e, como diz Madalena Freire (1997, p. 24), "é comendo junto que os afetos são simbolizados, expressos, representados, socializados". Já realizamos cafés da manhã e almoços com famílias inteiras, sempre acompanhados de muitas brincadeiras.

Em 2018, Isadora (4 anos) sugeriu fazermos o rito de passagem à noite, porque queria ver como era a escola no escuro. Outras crianças complementaram:

- "Podemos fazer uma fogueira." (Pedro, 4 anos)
- "Podia ter luzinhas piscando." (Rafaela, 4 anos)
- "Podemos ver a Lua e as estrelas." (André, 5 anos)
- "Vamos encontrar os bichos da noite." Fábio (4 anos)
- "Vamos levar binóculo para ver tudo." Júlia (5 anos)
- "Meu tio pode levar luz de balada." Marcos (5 anos)
- "Eu já fui a uma festa na praia para ver a Lua, era luau." Lorena (5 anos)

As crianças ficaram fascinadas com a ideia, mas nem preciso dizer o alvoroço que foi a conversa com os adultos, que levantaram o perigo de usar a escola à noite, pois a rua é erma; a dificuldade de funcionários alterarem seu horário de trabalho; a dificuldade do deslocamento à noite; a dúvida sobre as famílias levarem as crianças; entre tantos outros "senões", embora todos tenham ficado encantados com a ideia do luau.

O conselho de educadores e de famílias apoiou a ideia. Algumas famílias ficaram responsáveis pelos pedidos das crianças: fogueira, iluminação, binóculos, lanternas. Com muita música e comidas deliciosas, realizamos nosso primeiro luau, e esse foi o rito que mais reuniu familiares até aquele momento.

Nos anos seguintes o rito de passagem foi sempre luau, pois as crianças do ano anterior contavam a experiência vivida e as demais ficavam arrebatadas. Cada ano com uma novidade: luau com balada, luau com festa do terror, com fogo. Com a parceria entre a escola e as famílias, atendemos às sugestões das crianças, fizemos rituais incríveis com base nas ideias delas, com intensa participação da comunidade.

As discussões com as crianças sobre os ritos de passagem e as demais festas na escola nos fizeram romper com os estereótipos e aceitar o desafio sob outra ótica, lidando com as incertezas, com o medo do inesperado. Isso nos levou a encontros belíssimos com suas produções artísticas, as crianças e suas famílias. A alegria e a energia são indescritíveis, só mesmo quem participa é capaz de traduzir a beleza do momento: ao anoitecer, todas as luzes, lanternas e velas se acendem. Depois do silêncio, mais de quinhentas bocas abertas, só se ouvem gritos de encantamento.

TRANSFORMAÇÕES NA ESCOLA A PARTIR DAS VOZES INFANTIS: ESTUDOS ETNOGRÁFICOS

> *Eu queria uma casa na árvore.*
>
> Pedro, 5 anos

"É possível transformar o mundo em que vivemos no mundo que sonhamos?" (INSTITUTO ELOS, 2018, p. 5). A resposta a essa pergunta encontra-se na prática conjunta de adultos e crianças empenhados em um projeto para a infância, na construção de um currículo transformador. Uma metáfora do Projeto Guerreiros sem Armas,[1] do Instituto Elos, projeto maravilhoso que tive o prazer de conhecer pela voz de Rodrigo Rubido e que me faz acreditar que as sincronicidades existem. O Projeto Guerreiros sem Armas reúne jovens do Brasil e do mundo que querem ser parte da transformação e que aprendem na prática a fazer um mundo melhor.

As crianças, reconhecidas aqui como sujeitos de direitos, poderiam ser comparadas a esses jovens guerreiros, pois trazem dentro de si os mesmos princípios filosóficos que pautam o projeto: olham os lugares em busca da fartura, e não da escassez; afetam e se deixam afetar sem julgamentos; sonham, potencializando as belezas; cuidam de suas ideias, mesmo que os adultos as

---

1 Conheça o Projeto Guerreiros sem Armas no site https://institutoelos.org/gsa/. Acesso em: 2 mar. 2022.

abafem; fazem maravilhas, cooperam para a realização do sonho; celebram a conquista de todos; revolucionam silenciosamente cada espaço que habitam.

Por meio da metodologia dialógica, as crianças conselheiras observam a realidade, opinam, discutem coletivamente, sonham, projetam e são convidadas, em parceria com os adultos, a concretizar seus desejos. Compartilho um pouco da projeção e da realização desses sonhos na escola e além de seus muros.

O Conselho Mirim revela o protagonismo nas palavras e nos gestos das crianças, no modo como argumentam, constroem significados, indagam e mostram seu pertencimento a esse espaço que pretende dialogar com todos, sobretudo no que diz respeito à convivência com o outro. Em um dos momentos de conversa, as crianças apresentaram algumas questões:

- "Por que só os adultos escolhem o que pode ter na escola?"
- "Por que não tem dinheiro para as crianças decidirem o que comprar para a escola?"

Elas revelavam o desejo de escolha nas aquisições para a escola, pois em ocasiões anteriores haviam sugerido alguns itens que foram providenciados. Mas elas estavam anunciando a necessidade de partir do apontamento das crianças, em vez de considerar apenas o que os adultos percebem como necessário. Realmente, as prioridades são diferentes para crianças e adultos. Na verdade, as prioridades das crianças só eram contempladas quando também se revelavam como prioridade para os adultos. As crianças perceberam a incongruência nas ações e manifestaram seu desejo de viver a cidadania. Afinal, a escola é para as crianças, mas são sempre os adultos que decidem – elas são pouco ou nada consideradas sobre o que gostariam de ter ou fazer na maioria das escolas.

Levamos a ideia para o Conselho Escolar, que a essa altura já havia entendido o reconhecimento das crianças como sujeitos de direitos e como parceiras. Decidimos que, a cada verba recebida, destinaríamos uma porcentagem para as prioridades definidas pelo Conselho Mirim. Assim, elas opinam sobre compra de brinquedos, materiais, novos espaços, projetos, aquisições diversas. Apresento, a seguir, relatos de algumas sugestões feitas pelas crianças.

Casinhas vizinhas

Para conversar da janela.

Fernanda, 4 anos

Em determinada época, ganhamos uma casinha de madeira, de "entrar dentro", como diziam as crianças, e a colocamos em um parque, observando que gostavam de brincar de fazer "comidinha". Um tempo depois, ganhamos outra casinha e logo os adultos pensaram em deixá-la no outro parque. Afinal, no primeiro já havia uma casinha. Assim, na lógica dos adultos, cada parque teria uma casa para as crianças brincarem.

Enquanto discutíamos a ideia entre os educadores, porque na verdade não cansamos de desaprender, Isabela (5 anos), que nos observava, disparou: "Não coloca, não! Deixa do lado da outra para brincar de vizinho".

E assim foi, montamos uma vila de casinhas para alicerçar as brincadeiras de vizinhos. Como as casinhas eram novidade, geravam muitas disputas e conflitos. Conversamos com as crianças sobre o que fazer para evitar esses problemas, e elas chegaram à conclusão de que "havia muita gente e que não cabia todo mundo". Perguntamos quantas crianças caberiam de cada vez nas casinhas. Elas foram até lá, entraram e responderam que quatro era o máximo, "mais, ficava apertado". Resolveu-se então criar um combinado para o uso das pequenas moradias. No momento da escrita da regra, Isabelli (4 anos), uma conselheira, ditou: "Escreve aí. Só pode quatro na casinha, se entrar o cinco, ele tem que sair".

Para os adultos, uma casinha em cada parque seria ideal, porque os dois teriam esse espaço. As crianças viram outra possibilidade: brincar de vizinhos, ideia que os adultos não tiveram, mas que reconheceram como importante para o momento da brincadeira.

As crianças utilizam o que conhecem, no caso, a vivência que tinham com seus verdadeiros vizinhos ao morar pertinho um do outro e conversar pela janela. Assim, mostram seus saberes por meio das brincadeiras e dos gestos. Para que as crianças se expressem e tenham o desejo de fazê-lo é preciso que os adultos saibam dar valor às palavras, entendam o que elas precisam, ofereçam condições e abertura para suas sugestões e manifestações, o que é bem diferente de somente atender a pedidos.

Nunca esquecerei o brilho nos olhos daquelas crianças e o empoderamento que sentiram quando perceberam que suas sugestões foram acatadas e postas em prática. Faziam questão de contar a todos que a ideia tinha sido delas, assim como fazemos até hoje quando recebemos visitas na escola e rememoramos essa história.

Quadra para adultos ou para crianças?

Não dá pra jogar futebol na quadra, é muito grande, ficamos cansados.

Lorenzo, 4 anos

Em uma das assembleias, as crianças apontaram a dificuldade de jogar futebol na quadra. Henrique (5 anos) disse: "A quadra é para adulto e não para criança". Ryan (4 anos) reivindicou: "Queremos uma quadrinha pequena", ao que Nicolas (4 anos) observou: "Queremos uma quadra com areia igual do Pelé, que não machuca quando a gente cai".

Levamos os argumentos para o Conselho de Escola, mas os adultos não achavam necessária a construção de outra quadra. Isso não era prioridade ante tantas outras necessidades e ressaltaram que a escola já tinha uma quadra enorme, com tamanho oficial. Ao saber da discussão, as crianças ficaram indignadas. Vitor (5 anos) retrucou: "Mas essa quadra não é para criança, é muito grande". Enzo (4 anos) reclamou: "Eu fico cansado até chegar no outro lado". Vitória (5 anos) completou: "O pé da criança é pequeno, demora para andar, o pé do adulto é grande, é mais rápido".

Bianca (4 anos) reforçou: "Eu fico com a perna doendo"; e Roberto (5 anos) endossou: "Meu joelho fica ralado". Gabriel (5 anos) apontou a perna de um pai que estava presente e comparou com a sua dizendo: "Olha o tamanho da perna, precisa de uma quadra pequena pra gente".

Foi o golpe fatal na decisão do Conselho Escolar. Para os adultos, uma nova quadra parecia banal, mas as crianças mostraram sua real necessidade: não havia condições de elas jogarem futebol em uma quadra tão grande, idealizada para adultos; e ainda cimentada, o que provocava alguns acidentes; além disso, com um gol enorme, que os goleiros mirins não tinham possibilidade de defender. Nunca havíamos nos colocado no lugar das crianças ou pensado sobre o tamanho de suas pernas, sobre quanto tempo levavam para atravessar a quadra, sobre a energia que gastavam ao correr de um lado para o outro.

Planejamos, crianças e adultos, como poderia ser o campo de futebol. Elas queriam uma quadra de areia para não ralar o joelho, como a que utilizavam no Clube Pelé, ao lado da escola. O projeto foi desenhado pelas crianças, escolhemos conjuntamente o local e destinamos uma parte da verba para a construção da tão sonhada quadra.

O final da construção se avizinhava quando, logo pela manhã ao chegar à escola, me deparei com um grupo de crianças na porta da diretoria à minha espera, acompanhadas pela professora Lidiane, fato que me deixou muito feliz, pois a educadora reconheceu e validou a palavra das crianças. Nathália e Maria Eduarda (ambas com 5 anos) logo dispararam: "Quando a quadra ficar pronta, precisa ter arquibancada", porque "tem que ter um lugar para torcer pelo time".

Os adultos que estavam no corredor começaram a rir das argumentações das crianças, que não paravam de fazer solicitações. Quando ouviu que só haveria condições para fazer a quadra, e não as arquibancadas, pois não tínhamos mais dinheiro, Maria Eduarda logo encontrou uma solução: "Vamos colocar os troncos das árvores, dá para sentar".

E assim fizemos, utilizamos os troncos de algumas árvores que foram retiradas da nossa escola, pois estavam derrubando o muro, que apresentava o perigo de cair no parque. As crianças tiveram essa ideia utilizando conhecimentos anteriores: a antiga quadra tinha arquibancada. Acionaram a imaginação ao ver os troncos cortados, deitados na grama. Procuramos dar ação à voz das crianças, aos seus projetos, transformando-os em realidade. Caminho sem volta, pois elas possuem um olhar inspirador que nos inquieta, revolvendo nossas convicções, virando a escola pelo avesso.

Pistas e percursos: marcas da cultura infantil no chão da escola

No chão dá para brincar de muita coisa.

Fernando, 5 anos

No primeiro ano da gestão nessa unidade, os adultos e as crianças foram convidados a refletir sobre os espaços da escola, sobre a concepção de criança, das marcas infantis no chão da escola. Muitas discussões foram travadas com a equipe, pois viam a escolha do professor como sendo a melhor para as crianças. Um exemplo: as professoras usavam figuras que os pequenos supostamente gostavam, como a do elefantinho Dumbo, dentre outras similares. Quando conversamos com as crianças, poucas as conheciam. Eram escolhas dos adultos baseadas no que pressupunham ser o "gosto infantil", sem consultar as maiores interessadas ou considerar a cultura brasileira.

Foram propostas muitas reflexões sobre a concepção de Educação Infantil, do papel dos professores, gerando vários conflitos entre os educadores antigos e a nova equipe gestora, tarefa desafiadora para todos. Trabalhamos com histórias de vida pessoal e docente, experiências escolares, contrapondo novas ideias que enfatizavam a importância da autoria e do protagonismo infantil.

As crianças foram convidadas a pensar sobre como poderíamos elaborar propostas interessantes para o chão onde pisavam diariamente. As educadoras foram convidadas a observar os registros do olhar adulto, com amarelinhas de personagens da Disney, letras do alfabeto ou solo cimentado sem cor ou proposta.

Cada educador e sua turma elencou um espaço para a construção de novas marcas de cultura infantil. Um dos primeiros pedidos das crianças foi ter um lugar para andar de triciclo e bicicleta na escola. Problematizamos com elas se poderíamos andar em todos os espaços e como faríamos para não atropelar outras crianças, pois são muitas circulando por toda a escola. Logo surgiram várias ideias:

- "Vamos separar um lugar da escola só para os triciclos." (Maurício, 5 anos)

- "Vamos fazer uma pista." (Marcelo, 4 anos)
- "Vamos comprar um tapete bem grande de pista." (Kauã, 4 anos)
- "Meu pai desenha o chão, ele pode desenhar a pista." (Daniel, 5 anos)

Muitas conversas depois, com as crianças, o Conselho Escolar e a turma da professora Adriana, combinamos que as crianças desenhariam a pista em um papel e o pai do Daniel viria desenhá-la no chão. Os olhos brilharam! Foram muitos desenhos, desejos e planejamentos:

- "Tem que ser grande." (Valentina, 4 anos)
- "Tem que ser igual a da rua." (Isaac, 5 anos)
- "Vamos colocar aquele negócio redondo que tem perto da escola?" (Rodrigo, 5 anos)

As crianças escolheram o espaço em volta da sala verde, que fazia um verdadeiro círculo em torno de uma das partes da escola. Posteriormente, percebemos que queriam copiar a rotatória perto da escola.

Discutimos com as crianças onde colocar a pista, qual a direção dos carros, como seria a sinalização, e marcamos uma reunião com o pai do Daniel e o Conselho de Escola para explicar as diretivas. Os adultos questionaram o sentido da pista, porque há uma descida – acharam-na perigosa, mas logo as crianças intervieram, na voz de Murilo (5 anos): "A descida é o mais legal, sem descida fica chato".

Após o planejamento e o desenho das crianças, o pai de Daniel pintou a pista e novas intervenções foram realizadas, de acordo com o uso das crianças e a observação de educadores sobre as brincadeiras. Assim surgiram muitos outros complementos para a pista, com sugestões das crianças e encaminhamentos para os parceiros possíveis:

- "Precisa de uma faixa para as pessoas andarem e o carro parar." E a faixa para pedestres foi desenhada pelo pai do Daniel.
- "Tem que ter farol para ninguém ser atropelado." Solicitaram para a Companhia de Engenharia de Tráfego (CET), em uma das visitas dos engenheiros à nossa escola, mas, infelizmente, as crianças não foram atendidas ainda.
- "Falta o tanque de gasolina." Dois pais ajudaram seus filhos a montar duas bombas e as instalaram na escola.

Na época das filas nos postos de gasolina, surgiu uma nova brincadeira: as crianças faziam fila somente em uma bomba de combustível. Indagadas do porquê de uma fila imensa de um lado e de outro não, Felipe (5 anos) respondeu pelo grupo: "É que nessa bomba a gasolina está mais barata".

Mais complementos surgiram: estacionamento para os triciclos, dinheirinho, carteira de motorista, apetrechos para o guarda de trânsito, multas, cones e tudo que sinalizavam como necessidade, verbalmente ou por meio das brincadeiras, sob o olhar cuidadoso das educadoras. A pista é um dos espaços mais queridos das crianças. Depois dela, solicitaram uma minipista para brincar com carrinhos pequenos: "Lá no parque tem que fazer uma pista lisinha para brincar com os carrinhos" (Breno, 5 anos), porque "na grama não dá para brincar com os carrinhos" (Matheus, 4 anos).

Cimentamos um pequeno pedaço do gramado, onde diariamente as crianças desenhavam com giz suas pistas para brincar. Entretanto, começaram a reclamar que os amiguinhos apagavam as pistas ou, quando se ajoelhavam para brincar, elas mesmas as apagavam. Perguntamos: "Qual a solução?", ao que responderam: "Vamos desenhar, e o pai do Daniel vem colocar no chão".

Infelizmente o pai do Daniel não pôde ir, mas um voluntário amigo da escola, Vagner, em conversa com as crianças no parque, se prontificou a pintá-la. Assim, ganharam uma pista como planejaram: uma cidade com prédios, casas, ruas, lojas, faróis e tudo o que sonharam.

Outros percursos surgiram a partir do mesmo processo de escuta, planejamento e observação das educadoras, discussão no Conselho Mirim e no Conselho de Escola. Percursos de acordo com as vivências e descobertas que aconteciam ao longo dos projetos: frutas, árvores e bichinhos da escola. Amarelinhas nos corredores, onde as crianças adoram correr e brincar.

Referendamos as ideias do educador italiano Aldo Fortunati, quando coloca que

> As crianças possuem uma formidável e natural atitude para serem protagonistas de seu crescimento e desenvolvimento, uma atitude que as crianças traduzem por sua curiosidade sobre o mundo das coisas e das relações e por sua extraordinária capacidade de estar ativamente presentes nas experiências em que se encontram envolvidas. (FORTUNATI, 2014, p. 22)

Sem idealizar ou olhar todas as infâncias como se fossem únicas, é impossível não observar como as crianças realmente dialogam e como nós, adultos, precisamos encontrar maneiras de ouvi-las, negociar, interpretar e dar suporte às suas ideias e brincadeiras para experienciar o mundo.

Olhar inclusivo sobre os brinquedos

Deixa que eu empurro direitinho a cadeira dele.

Sofia, 4 anos

Em uma das reuniões, as crianças queriam saber por que algumas crianças cadeirantes ou com alguma deficiência não podiam andar e por que não podiam brincar em alguns brinquedos. Após os esclarecimentos sobre as diferentes deficiências, chegaram à conclusão de que deveríamos comprar brinquedos específicos para essas crianças. Depois de muitas hipóteses e da principal constatação – de que não teríamos dinheiro suficiente, pois esses brinquedos são muito caros –, elas disseram que poderiam inventar algo. Algumas das ideias que surgiram:

- "Poderia colocar uma corda e amarrar no gira-gira, assim ela não cai." (Matheus, 4 anos)
- "Mas pode machucar, não é legal ficar amarrado." (Felipe, 5 anos)
- "Vamos pedir ajuda para quem entende dessas crianças." (Luiz, 5 anos)

Foi assim, com essa sugestão simples, que envolvemos a auxiliar de vida escolar Crenilza, a terapeuta ocupacional que acompanhava algumas crianças, e um prestador de serviços para conjuntamente pensarmos em soluções. A partir da ideia do amarrar – deixar a criança mais segura para a sustentação do tronco –, uma cadeirinha foi desenhada e confeccionada com pneus e borracha, de modo que a criança entrasse nela e não se sentisse amarrada, oferecendo autonomia para brincar, sem depender de alguém para segurá-la.

As crianças são empáticas, não desistem facilmente, buscam soluções e respostas para os problemas que encontram. As professoras e pesquisadoras portuguesas Júlia Oliveira-Formosinho e Danila Lino explicam que

> As características das experiências vividas pelas crianças [...] revelam que as crianças conhecem as características dos contextos educativos. Percebem, descrevem, analisam, interpretam esses contextos naquilo que são as suas experiências dos papéis de adulto. Revelam também que têm uma grande competência para comunicar sobre o quotidiano em que vivem. O desafio é o de as ouvir no que têm para nos dizer e o de as escutar, isto é, tornar as suas falas centro da compreensão dos contextos educativos e da sua transformação. (OLIVEIRA-FORMOSINHO; LINO, 2009, p. 70)

Além da percepção da importância de inclusão real das crianças no brincar, de ficarem indignadas com o fato de o Estado não oferecer brinquedos adaptáveis e acessíveis, ainda encontraram uma forma de resolver uma necessidade dos amiguinhos que as deixava tristes.

Os brinquedos foram adaptados com essas cadeirinhas e depois as crianças construíram avisos de que eles eram destinados apenas às que não conseguiam andar sozinhas – e ficavam muito incomodadas quando alguém burlava essa regra. Uma grande lição das crianças, que interpretaram a realidade e buscaram soluções possíveis para o contexto revelado.

Olhar empático

E se os filhos delas passarem fome?

Felipe, 5 anos

As crianças presenciaram uma conversa sobre a possibilidade de as funcionárias da empresa terceirizada de limpeza perderem seus empregos, e discutimos esse problema no Conselho Mirim. No dia seguinte, recebemos um bilhete da mãe de um menino, dizendo que seu filho chegara em casa muito preocupado e triste, não parava de falar sobre as pessoas que ficariam sem emprego, que não iriam mais trabalhar na escola e que talvez seus filhos ficassem sem comer. A mãe explicava que crianças pequenas não deveriam ser expostas a essa problemática: elas precisam ser felizes e mantidas distantes desse tipo de situação.

O menino era um dos conselheiros mais atuantes, sempre tinha ideias criativas, falava muito e mostrava-se bem interessado em todas as reuniões, nas quais discutia os assuntos com seriedade, opinando sobre os mais diversos temas. Discutimos no coletivo qual concepção de criança essa mãe nos apresentava. Como ela compreendia as potências de sua criança?

Conversamos com a mãe, explicando que seu filho era muito empático, que propunha soluções e fazia observações sobre o cotidiano das relações na escola, demonstrando suas emoções e pensando a respeito – e que essa é uma das atitudes cidadãs que queremos despertar nas crianças, não pela imposição de situações, mas para a discussão do que presenciam e de como estabelecem relações para cuidar do outro como semelhante.

É preciso deixar de lado nosso referencial de adultos e realmente atentar para o que dizem as crianças, para entender sua leitura de mundo, seus sentimentos e lógicas, porque traduzem o tempo vivido e sentido, e não o que desejamos que pensem.

Apesar de todos os saberes adquiridos, ainda insistimos em anular as vozes infantis, negando a realidade de muitas infâncias de crianças abandonadas nas ruas, contestando sua capacidade de ser e estar no mundo como sujeitos de direitos: pensando, sentindo, desejando, reivindicando, aprendendo no convívio com o outro, constituindo-se como humano.

Criança não é feliz o tempo todo, assim como o adulto também não é: a frustração, o medo, a tristeza e a angústia também fazem parte da constituição do humano. É importante incluir as crianças na observação do cotidiano, em casa e na escola, como lugares de expressão. Elas podem entender o mundo e a realidade, praticar a empatia, tentar resolver os problemas e entender a alegria e a dor do outro.

Cada criança é singular: há a que transgride, a que aceita sem questionar, a que se compadece e a que se afeta pelo outro, como esse menino. Porque brincam o tempo todo, pode parecer que não se preocupam, mas se nos detivermos em suas diferentes narrativas, perceberemos o quanto captam do mundo à sua volta, o quanto se preocupam com questões que imaginaríamos como sendo somente destinadas ao mundo adulto. A educadora e antropóloga da infância Adriana Friedmann nos alerta:

> Muitos são os estudos que têm se debruçado sobre a infância, mas ainda mantemos em nosso inconsciente coletivo muitas ideias de uma infância romântica e idealizada. Será que é possível olhar de frente e profundamente para essas crianças que partilham hoje, conosco, dos seus cotidianos? (FRIEDMANN, 2013, p. 25)

Tentamos responder a essa questão diariamente, observando, escutando, conversando com as crianças sobre seus sentimentos, emoções, interesses e principalmente planejando com elas tempos e espaços para que possam partilhar suas descobertas, ser atendidas em suas singularidades e especificidades. Tarefa nada fácil diante do grande número de alunos para cada educador.

O Conselho Mirim auxilia no olhar mais atento, no diálogo individual, na compreensão, na interpretação e no acolhimento das revelações das crianças sobre seus sentimentos e observações.

No início do trabalho, conversávamos mais com elas, podíamos ouvi-las com mais qualidade, pois eram em menor número. Depois que ampliamos a participação para dois alunos por turma, para atender à questão de gênero solicitada pelas crianças, encontramos maior dificuldade. Acreditamos que seja principalmente porque para crianças pequenas é difícil estabelecer um diálogo com muitos participantes, e alguns sempre extrapolam a temática discutida.

É importante avaliar com as crianças se a solicitação realmente corrobora o trabalho com o Conselho Mirim. Penso que o mais interessante seria manter um representante por turma, a fim de aprofundarmos com mais significado as questões propostas, de modo que todos possam expressar seu parecer pelas temáticas em discussão e garantir os dois eixos fundamentais: autonomia e participação.

O Conselho Mirim, diferentemente do Conselho de Escola dos adultos, não se propõe a deliberar sobre as pautas apresentadas, e sim dar visibilidade ao ponto de vista das crianças, quando oferecem propostas próprias. Os adultos tendem a menosprezar as respostas infantis, ora porque atribuem-lhes menor valor, ora porque as desconhecem, negando-se a ouvi-las. Não se trata de simplesmente atender aos desejos das crianças; elas próprias sabem que muitos são impossíveis naquele momento, mas é imperativo acolher ideias, pensamentos e projetos, discutindo-os, levando-os ao conhecimento de todos, revelando as inúmeras capacidades das crianças.

É preciso uma mudança de paradigma, uma renúncia do adulto a saber de tudo, entendendo os saberes das crianças como diferentes e válidos. Trata-se de um olhar político sobre a participação das crianças na escola e nas decisões que a elas pertencem. Acredito que, se as ouvíssemos mais, teríamos escolas mais alegres, afetivas e efetivas na relação do ensinar e aprender a construir conhecimentos.

CONSTRUÇÕES A PARTIR DA ÓTICA DAS CRIANÇAS

Eu queria uma ponte bem grande.
Samuel, 5 anos

Em 2015, em parceria com os educadores do Museu da Casa Brasileira, a escola realizou a escuta atenta e minuciosa das falas e projeções das crianças sobre os desejos dos espaços faltantes na escola. Iniciamos a conversa com uma pergunta: o que falta na escola para ela ser cada vez mais legal? Muitas ideias apareceram: carrinho, avião, trem, barco de entrar dentro, lago com peixes, piscina, piscina de bolinhas, montanha-russa, tirolesa, mais balanças, brinquedos diferentes, mais triciclos, mais pistas, cabaninhas e uma infinidade de pedidos. A partir desses desejos, a cada ano elencávamos com as crianças uma prioridade, dentro das possibilidades.

Projeto Casa na Árvore

A árvore vai segurar a casa!
Carolina, 5 anos

A casa na árvore foi a mais votada, mas tínhamos muitas dificuldades com os recursos financeiros, até que ganhamos o concurso

"Escola: lugar de criança, brincadeira, cultura e diversidade". Recebemos um prêmio em dinheiro e o destinamos para a realização do sonho das crianças.

A utopia da casa na árvore começou a ganhar forma. Os educadores do Museu da Casa Brasileira levavam as crianças a imaginar como seria essa casa por meio de perguntas, desenhos, maquetes. E, conforme sonhavam, desenhavam um verdadeiro projeto de design, com uma estrutura bem detalhada. Elas pensaram também na importância de um mecanismo que facilitasse a subida das crianças com mobilidade reduzida, questão que posteriormente seria resolvida pelo arquiteto com um sistema de roldanas.

As crianças também idealizaram um observatório de pássaros, integrado à casa, para a contemplação da natureza. Na época, algumas turmas estavam pesquisando os vários pássaros frequentadores da nossa escola e foram influenciadas por essa ideia, que contaminou todas as turmas.

Discutimos com as crianças, os educadores e as famílias quais árvores teriam estrutura para sustentar a casa na árvore e o observatório de pássaros; quantas crianças poderiam subir de cada vez; como seria a escada e quais materiais usaríamos para a construção. A partir dessa problematização, crianças e adultos traçaram contornos para o projeto. As crianças desenharam, esculpiram, fizeram maquetes, escreveram ideias e possibilidades, tanto para a casa quanto para o observatório.

O planejamento desse espaço foi construído pelas crianças, com a intervenção dos adultos para pormenorizar o projeto. Em 2016, o arquiteto do Museu da Casa Brasileira, Frederico Nogueira Teixeira (Fred), transformou o projeto das crianças em um projeto arquitetônico formal, e começamos a discutir com crianças e adultos como viabilizar a construção.

Fred apresentou o projeto para o Conselho Mirim e para membros do Conselho de Escola no telão da sala multimídia. As crianças ficaram boquiabertas, suspiravam e gritavam: "Olha a escada! Tem telhado! Que ponte legal!".

Os adultos também ficaram encantados e, a partir desse dia, os educadores do museu e as educadoras da escola iniciaram uma série de processos: trabalhamos com oficinas de criação, com levantamento de materiais, necessidades, apoio financeiro e humano, de modo que as crianças vivenciassem toda a concretude do projeto.

Realizamos diversas reuniões com o Conselho Mirim, o Conselho de Famílias e Educadores e a equipe do Museu da Casa Brasileira para adaptações do projeto inicial. O avô de uma das crianças, senhor Angelo Eguchi, se encantou com a proposta e passou a participar do projeto. Ele e o arquiteto do museu começaram a dar vida ao design proposto pelas crianças.

Gustavo Ferroni, presidente da Associação de Pais e Mestres da escola, genro do senhor Angelo, articulou com esse avô uma forma de concretizar o sonho das crianças, pois, de acordo com nossa projeção, os recursos financeiros seriam insuficientes, não conseguiríamos arcar com a mão de obra. Imediatamente, o senhor Angelo abraçou a causa, e o projeto da casa na árvore começou a sair do papel.

Junto com a equipe gestora, foram realizados os cálculos das despesas. Além do valor recebido com a premiação, angariaríamos recursos para a compra de materiais e a fundação em alvenaria das vigas de sustentação para a casa. Realizamos festas durante os anos de 2015, 2016 e 2017 com esse objetivo, e a mão de obra foi fornecida gratuitamente pelo senhor Angelo, nos momentos de ociosidade de sua empresa. Os funcionários, pais e educadores participaram de vários mutirões para a construção desse sonho conjunto, sempre sob a supervisão do incansável e detalhista senhor Angelo. Foram inúmeras as reuniões com as crianças, a equipe gestora e o arquiteto do museu.

Durante três anos, as crianças participaram de todo o processo: escavação das brocas, concretagem das vigas de sustentação, as madeiras que foram colocadas uma a uma, a construção do telhado, a escada e a pintura. O trabalho resultou em dois espaços: o observatório de pássaros e a casa, com um imenso tronco de fícus sendo abraçado por uma grande estrutura.

As crianças observaram e ouviram os sons de betoneiras, maquitas e furadeiras, presenciaram o fazer de pedreiros, o arquiteto que dialogava com elas sobre todo o processo. A "hora do parque" transformou-se em "hora da construção da casa na árvore": como ficavam todas em volta dos trabalhadores, tivemos de colocar um cordão de isolamento por medida de segurança.

"Essa máquina é muito barulhenta. Olha como roda tudo lá dentro. Por que tem que fazer assim com a madeira? Por que você usa esse capacete?" – diariamente uma infinidade de perguntas brotava dos lábios das crianças. Frequentemente também questionavam os fazeres dos trabalhadores, e todos, com a maior paciência, explicavam seus ofícios. Ao lado deles, os pequenos brincavam simbolicamente de martelar pregos, lixar, fazer argamassa, enquanto outros imitavam o senhor Angelo com vários papéis nas mãos, a fiscalizar a obra.

Perdi alguns registros dessa etapa que, no entanto, será sempre lembrada por mim e pelo senhor Angelo, pois rimos muito com as crianças. Nesse momento ele tinha sempre auxiliares dando palpites: "A escada tem que ser bem grande"; "A casa tem que ficar bem no alto"; "Não vai esquecer a ponte"; "Essa madeira não vai cair?".

Problemas estruturais e financeiros nos obrigaram a fazer algumas modificações, mas sempre acompanhadas pela discussão entre todos: educadores do museu, famílias, educadores da escola e crianças, nossas grandes protagonistas. Infelizmente não conseguimos realizar os sonhos da ponte e do elevador. Quando contamos isso às crianças, elas ficaram um pouco desapontadas e buscaram se animar: "Depois a gente faz a ponte, né?", mas na verdade estavam tão maravilhadas com a grandeza do projeto da casa na árvore que logo se envolveram em novos pensamentos: "Vamos fazer os móveis"; "Tem que comprar binóculos!".

O senhor Angelo nos presenteou com mesas e banquinhos confeccionados por ele com as sobras de madeira. A senhora Kazuko, sua esposa, coordenou o trabalho com voluntários para a colocação da rede de proteção em volta de toda a casa, para garantir a segurança das crianças.

Foi um projeto incrível, que ficará para sempre na memória de todos que participaram dessa grande obra. Fizemos a inauguração da casa na árvore no dia da Festa Nossas Raízes, em um lindo sábado ensolarado, com a presença das famílias, do educativo do museu, dos educadores, dos familiares do senhor Angelo e dos trabalhadores da obra. Tudo foi minuciosamente planejado com as crianças e os educadores: "Vamos cantar. Falar poesia. Falar obrigado para todo mundo. Levar a família para subir na casa".

E, assim, com muita cantoria, poesia, discursos, laço de fita e uma placa surpresa – CASA DO VOVÔ ANGELO –, fizemos a tão sonhada inauguração, com um agradecimento especial aos educadores do museu e à família do senhor Angelo, pois todos se envolveram profundamente no projeto. Ele nos disse que realizou esse sonho para suas netas, nossas alunas, e para todas as crianças que frequentariam a EMEI. Por isso quis fazer algo com muita durabilidade e com materiais tratados. Foi o melhor presente para uma escola pública: um espaço educador com autoria das crianças.

"O maior reconhecimento foi a alegria das crianças", como disse a senhora Kazuko. A notícia se espalhou pelo bairro e mereceu reportagem no *Jornal da Gente*, o jornal do bairro da Lapa. Ganhou até mesmo destaque na Bienal Internacional de Educação em Arquitetura para a Infância e a Mocidade. O Projeto Casa na Árvore foi selecionado para compor a exposição "Ludantia", realizada em meados de 2018, em Pontevedra, capital da Galícia, na Espanha.

Por problemas de saúde, não pude participar, mas o senhor Angelo e sua esposa Kazuko foram representar a escola na Bienal. Quando voltaram, fizeram questão de contar às crianças e a todos nós sobre o evento: uma ala era destinada à exposição dos trabalhos internacionais selecionados de várias partes do mundo; outra ala era interativa, dedicada às crianças e aos adolescentes, com materiais variados, estimulando a criação de espaços arquitetônicos. Eles nos contaram que um dos responsáveis pela Bienal elogiou nosso projeto e disse ao casal: "Como não pensamos nisso antes, se em Pontevedra há tantas árvores?". Gostaram muito da ideia e disseram que pretendiam divulgá-la e canalizar esforços para implementá-la.

Imaginem a alegria das crianças ao saberem que o projeto delas foi escolhido para ser apresentado do outro lado do mundo ou, como diziam elas, apontando o globo terrestre: "O nosso projeto voou no outro lado do globo".

Lava Rápido de Crianças

Pode ser uma coisa que espirra água.

Theo, 5 anos

Nas reuniões do final de semestre, sempre há a destinação de uma parcela das verbas recebidas pela escola para a escolha de itens a serem comprados ou construídos a partir das sugestões das crianças. Foram muitas as aquisições: balanças de cavalinho, carrinho, barco, avião, trenzinho para entrar dentro, escadas para escalar, casinhas, cantinhos para as salas, para o parque, cabaninhas, mesinhas de troncos, aventais e bandanas para culinária, entre tantas outras sugestões que passaram por votação nas assembleias das crianças.

Com a chegada do verão, as crianças pediram brinquedos "de água", como eles diziam: Rafaela (5 anos) contribuiu com "um cano que sai água" e Noah (5 anos) emendou: "um lava rápido igual de carro".

Marcelo Iwasko, pai do Noah, logo se prontificou a construir o que chamamos de Lava Rápido de Crianças. Ele apresentou os canos, fez os furinhos, como solicitado por elas, explicou como construiu, falou dos cuidados a ter com o equipamento e respondeu às perguntas de olhinhos curiosos no dia da instalação no parque. Depois disso, somente alegria com muita água refrescante.

Momento para guardar para sempre na memória. Pena que algumas crianças não entraram na brincadeira. Até queriam entrar, mas então qual era o motivo? "Minha mãe não deixa eu me molhar"; "Não quero estragar minha chapinha"; "Não quero que saia a tinta colorida do meu cabelo"; "Meu pai não quer que eu tire a camiseta".

Penso que precisamos dar tempo à infância, para que as crianças sejam crianças e usufruam dessa fase única, cada vez mais curta e que não volta mais. As crianças precisam de liberdade para se sujar, se molhar, ter contato com os elementos da natureza sem se preocupar com roupa ou cabelo. Devem viver a alegria e registrar memórias afetivas.

Durante o banho no lava rápido, as crianças riram, gritaram, observaram um arco-íris, correram atrás da água que dançava com o vento, dançaram também, foram felizes. Até as crianças que estavam com receio pelos motivos elencados não resistiram: "Vou passar só um pouquinho, bem rapidinho, tá?". E passaram pela "chuvinha" muitas e muitas vezes, porque o brincar é a essência das crianças, é o modo pelo qual aprendem as coisas do mundo e, apesar dos adultos que as amarram, é a forma de encontrar a liberdade para seus corpos.

Quantas descobertas fizeram sobre a água, sobre o vento, sobre como se forma o arco-íris, sobre construções, sobre fazer o outro feliz, sobre concretizar sonhos, sobre escolhas. Amo as crianças sempre nos ensinando. E nós, adultos, precisamos respeitá-las e lhes dar autoria para viver esse momento tão precioso, para que possam, um dia, relembrar e contar para seus filhos e netos todas suas memórias de infância, de escola. Aquela escola que Paulo Freire sonhou e ajudou a construir: escola de gente feliz!

Trepa-trepa Estrela

> Tem que ter uma estrela.
> Bianca (5 anos)

Neste relato, apresento de forma mais detalhada a autoria das crianças, com a intenção de compartilhar registros de como nasce um projeto criado por elas e proporcionar espaço para a construção de culturas infantis. Documentar é importante porque democratiza o processo de ensinar e aprender, além de dar visibilidade ao real vivido, de modo que ele possa ser revisitado e discutido como construção pedagógica.

Estávamos planejando brinquedos para uma praça, e uma das mães, Érica, arquiteta, fez uma provocação às crianças, indagando se existia tanque de areia sem ser redondo e trepa-trepa sem ser quadrado. As crianças ficaram entusiasmadas com a possibilidade de novos formatos para os brinquedos da praça e logo perguntaram sobre a provável construção de um brinquedo diferente na escola.

Decidiram por um trepa-trepa na forma triangular ou de estrela, pois adoram subir, descer, pendurar-se, mas não queriam o brinquedo quadrado, convencional do nosso parque. Imaginaram cordas para equilíbrio, escorregadores, rampas. Pensaram várias possibilidades, pesquisaram imagens, conversaram com Érica, que sugeriu fazer o brinquedo de bambu, material mais flexível, para atender ao formato imaginado pelas crianças, "de triângulo ou estrela", como diziam.

Apresentou-nos uma dupla de rapazes, Adriano e Araken, que se autointitulam "brinquedistas", com experiência em construção com bambu. Conversaram com as crianças sobre os sonhos para o trepa-trepa e na semana seguinte marcaram uma reunião com o Conselho Mirim. Chegaram munidos de palitos de churrasco, barbante e uma maquete, que foi apresentada para que as crianças conferissem se as ideias propostas haviam sido contempladas. Estavam abertos a novas proposições e intervenções.

As crianças entraram na sala e logo se manifestaram. Fernanda (5 anos) exclamou: "Uau, ficou muito legal!". André (5 anos) constatou: "Tem tudo que pedimos", e Benjamim (5 anos) confirmou: "Tem o triângulo e a estrela".

Posicionaram-se em torno da maquete. Era perceptível a diferença com que as crianças interagiam com ela. Algumas a olhavam fixa e atentamente, como um objeto valioso, outras a tocavam como a descobrir cada parte, e outras, ainda, falavam sem parar:

- "Muito legal ser de triângulo, como demos a ideia." (Beatriz, 5 anos)
- "Falta um escorregador." (André, 5 anos)
- "Tem que ser bem alto para ser emocionante." (Benjamim, 5 anos)

- "Mas tem criança que tem medo, não pode ser muito alto." (Isadora, 4 anos)
- "Tem um menino na minha turma que tem muito medo e não sobe no escorregador." (Fernanda, 5 anos)
- "Pode ter um pequeno para quem tem medo de subir e um grande para quem não tem medo." (Matheus, 5 anos)

Uma criança move os palitos e constrói um escorregador pequeno em um plano baixo. Outra os move e constrói um escorregador maior em um plano mais alto. Alguns batem palmas e sorriem.

Benjamim comenta: "Tem que ter um cano para escorregar e cair em um pneu bem grande". Ao mesmo tempo que fala, pega um palito e tenta colocá-lo em pé com uma tampinha de garrafa embaixo, simbolizando o pneu. Outra criança pega o barbante e tenta amarrar o palito para ficar em pé, sem sucesso. Outra o ajuda e conseguem deixá-lo em pé, como queriam. Benjamim diz: "Essa parte tem que ser bem no alto para andar em cima". Pega um dos palitos e coloca no plano mais alto do brinquedo. André adverte: "É perigoso, alguém pode cair e bater a cabeça. Eu já caí e bati a cabeça, fez um galo" – e mostra a cabeça para Benjamim. "Já sarou, mas doeu muito." Outras crianças começam a falar de machucados e a contar como aconteceram.

Beatriz pega o palito e o coloca em um plano mais baixo. André observa e faz sinal afirmativo com a cabeça para Beatriz. Benjamim retira o palito e o posiciona novamente no topo do brinquedo. Isadora, dirigindo-se a Benjamim, pergunta: "Você quer que alguém se machuque?". Levanta-se e retira o palito do alto, devolvendo-o ao plano mais baixo. Olha com a testa franzida para Benjamim, que começa a amarrar o barbante em outra parte do brinquedo, sem responder à Isadora, que parece estar indignada.

Eduardo, que só observava, diz: "Essa corda é para fazer equilíbrio com um pé só e amarra a outra ponta". Benjamim sorri e começa a amarrar vários barbantes em outro ponto. Letícia pede para o rapaz colocar o brinquedo maior, que parece um trapézio, entre os dois triângulos. Assim que vê o resultado, bate palmas, e várias crianças batem também. Letícia parece ter vislumbrado que o trapézio no meio ficaria mais harmônico, com contrastes de altura. Será que pensou sobre isso ou somente achou que ficaria mais bonito?

Benjamim pega outros palitos e tenta criar planos mais altos. Outras crianças os retiram, e Beatriz afirma: "Agora chega, o brinquedo está pronto". Benjamim continua a construir com os palitos, as crianças gritam que já está bom, que não pode subir mais, e Isadora declara: "Você não vai fazer ninguém cair, chega". Benjamim deixa os palitos na mesa, cruza os braços e fica observando o brinquedo.

Um dos rapazes pergunta se o brinquedo está como pensaram, se todas as ideias foram contempladas. Algumas crianças dizem que sim e outras fazem seus comentários. Benjamim diz: "Podia ter uma teia para subir". Eduardo sugere: "E uma escada", e André complementa: "É, assim dá para descer e subir, vai ser muito legal". Todos concordam, batem palmas, riem e se abraçam. Movimentam-se pela sala.

As crianças pegam os palitos e tentam construir outros brinquedos, algumas em duplas, outras sozinhas, e enchem a maquete de triângulos, estrelas, escadas e cordas. Otto escorrega os dedos pelo escorregador e anda com eles pelo brinquedo triangular, seguido de outra criança que o imita, no brinquedo de estrela. Muitas crianças usam os dedinhos para percorrer a maquete. A brincadeira acaba quando são chamadas para o lanche. Saem dando tchau, fazendo carinho e mandando beijinhos para a maquete. Benjamim ainda pega um palito e o coloca no plano mais alto do brinquedo, anda com os dedos por cima dele, esfrega as mãos e sai da sala sorrindo.

Cabe ressaltar que esse grupo de crianças, que acompanho desde o início do ano, possui a prática da participação. Sabem que suas ideias são levadas em conta nas decisões da escola, especialmente na escolha de brinquedos, pois, afinal, são seus usuários e possuem sua própria percepção do que seria um brinquedo interessante – ideia validada e reconhecida pela gestão. Muitas transformações na escola acontecem por meio das vozes infantis, elas se sentem à vontade com os adultos – às vezes, é como se não estivéssemos lá.

No diálogo entre as crianças, é fácil observar o quanto seus corpos traduzem o que dizem, se não concordam com algo. Ao mesmo tempo que falam, agem – como nos casos em que Benjamim quer colocar palitos no alto e os outros lhe dizem que não: movimentam seus corpos em direção a Benjamim, levantam-se, deslocam os palitos.

As crianças falam com o corpo todo: com o olhar, com a testa franzida, com as palmas, com as interferências com os palitos, com os silêncios, pois algumas crianças nada falaram, mas observaram e tentaram fazer outras construções, ou apenas vibraram com as intervenções dos amigos. Outras apenas brincaram, alheias à discussão sobre a elaboração dos brinquedos: seus dedinhos divertiam-se com o projeto, pois para elas era o próprio brinquedo já pronto, estavam imersas no simbólico.

As crianças falam de si, do que conhecem do mundo, como quando André mostra o galo, diz que bateu a cabeça e que doeu, e não quer que o mesmo aconteça com seu amigo. Falas empáticas que surgem ao, pensando no outro, projetar situações vividas. O quanto percebem deles próprios, do outro, quando descrevem seus machucados, suas histórias e as dos amigos? Como é importante qualificar o espaço para as interações, potencializando-as para o desenvolvimento do coletivo, apoiando as narrativas das crianças para que se coloquem sem ferir sua espontaneidade.

O quanto Benjamim ouviu dos amigos, o quanto acredita na sua hipótese de brinquedo emocionante? Será que não conseguiu se colocar no lugar do outro ou realmente acha que o legal é ser emocionante, em vez de seguro? Benjamim é muito curioso, inaugura situações e está sempre inventando e perguntando sobre as coisas. Seu pai cria muitos brinquedos em sua casa e fez alguns na escola também, como um trapézio colocado no alto de uma árvore, que as crianças adoram.

Elas participam da experiência, cada qual expõe sua ideia, de acordo com suas percepções, do que sabem, de como entendem, como produzem suas teorias, mesmo sem ter consciência do que fazem. Segundo as professoras e pesquisadoras Márcia Gobbi e

Mônica Pinazza, o educador e filósofo estadunidense John Dewey considera que:

> [...] a experiência consiste na combinação "daquilo que as coisas nos fazem" modificando nossos atos, favorecendo alguns deles e resistindo e embaraçando a outros e "daquilo que nelas podemos fazer", produzindo-lhes mudanças. (GOBBI; PINAZZA, 2014, p. 25)

Dewey coloca que a experiência é diferente de uma simples atividade, pela marca que deixa no indivíduo.

As crianças que passaram pelo Conselho Mirim e viram suas vozes projetadas em ações como essa, na construção de brinquedos, levarão para sempre na memória essa história, esse momento de construção de autoria e cidadania. Assim como Benjamim levará para sempre na memória a construção de brinquedos realizada pelo pai.

O que dizer de Benjamin? Quando todos se distraem, ele recoloca o palito no lugar mais alto do brinquedo, brinca com os dedinhos e sai sorrindo, satisfeito com sua ação. Trapaça? Ou não desistiu de sua teoria? Fico pensando no risinho malicioso, de canto de boca, que deu após todos saírem. Afinal, sua ideia venceu, ele brincou e por momentos foi feliz, não machucou ninguém e sua ideia ficou lá na maquete. Sabemos que as crianças são inventoras, usam as múltiplas linguagens e, muitas vezes, transgridem os padrões, pois não se atêm a eles.

É na produção das culturas infantis que as crianças se manifestam através da expressão verbal ou por meio de imagens e impressões, criando significados ou encontrando brechas, como fez

Reunião do Conselho Mirim, turma de 2022.

"É importante dar a nossa opinião, e não só ter a opinião dos adultos."

Ata da assembleia. "Eu sempre participo. Aprendi que é importante falar minhas ideias."

No topo: senhor Angelo e senhora Kazuko representando o projeto na Bienal Internacional de Educação em Arquitetura para a Infância e a Mocidade, na Espanha. Acima: Inauguração da Casa na Árvore em 2017.

"A árvore vai estar no meio da casa e do outro lado um observatório de pássaros. Vamos ver os ninhos."

"Um vizinho pode conversar com outro vizinho da janela."

Como a família pode ajudar? "Pintar a escola, jogar futebol, fazer receita, arrumar os livros, fazer brinquedos, ajudar nas festas."

"Trepa-trepa estrela é nossa invenção."

"Todo mundo devia poder subir na árvore."

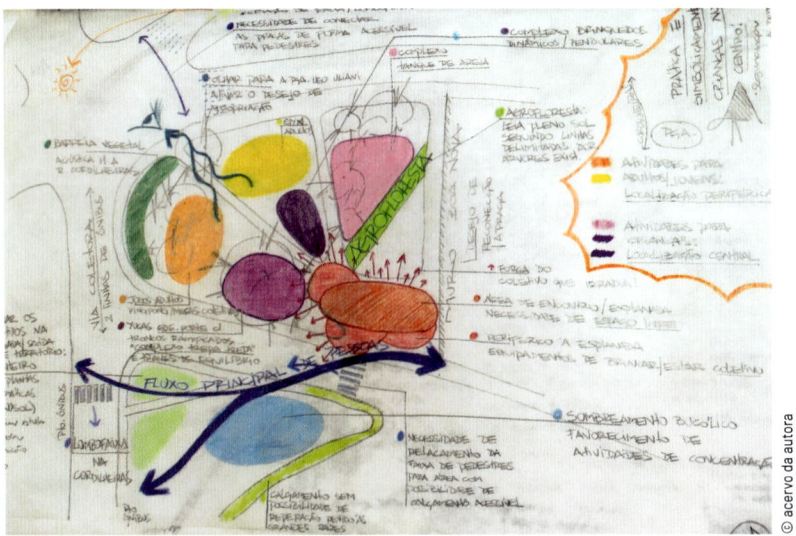

No topo: desenho da escola com os novos espaços de brincar.
Acima: projeto "Uma praça para todos".

Cuidar da horta é um momento de muito aprendizado e troca de ideias.

"Projeto é para a criança ser feliz; tem brincadeiras, músicas, cirandas, artes com tintas, com a natureza; fogueira, ioga, bolhas de sabão, estações do brincar e tudo de legal."

Aviso das crianças pedindo conserto no lago: "Hoje fomos visitar os girinos e encontramos uma pedra solta."

Despedida das mamadeiras. "Essa é de quando eu era criança."

"A cidade-pista vai ser para brincar com os carrinhos pequenos."

"Tem que ter faixa para atravessar, estacionamento, guarda para multar quem faz alguma coisa errada."

Cartas para a subprefeitura: "Precisamos de um farol para atravessar a rua".

"Queremos uma quadrinha pequena."

"Rede é um lugar muito legal para descansar."

Antes e depois: escola reconstruída a partir das ideias das crianças. O mundo seria mais belo e acolhedor se todas as instâncias de poder as ouvissem com o respeito que merecem.

Benjamim. Enquanto algumas crianças discutem ou falam sozinhas, outras apenas brincam, imersas na sua fantasia, na simbologia do brinquedo já pronto.

Quantas interações, intencionalidades, diálogos, olhares instalaram-se naquele ateliê; quantas linguagens, significados diferentes para cada criança, como tão bem define Adriana Friedmann:

> As crianças tornam-se, pois, protagonistas dos seus diversos momentos históricos, fazendo parte de suas culturas e produzindo, ao mesmo tempo, culturas. Walter Benjamin (1984) inspira-nos na compreensão de que as crianças, através da imaginação, transformam os objetos e são arquitetas dos seus próprios projetos para se tornarem outras. (FRIEDMANN, 2013, p. 53)

Durante a conversa das crianças sobre a proposta do trepa-trepa, parecia haver um código entre elas que elucidava o brincar: aquela maquete era a brincadeira, e elas estavam imersas naquele contexto.

Quanta empatia e gentileza em pensar no outro envolveu o projeto e a construção desse brinquedo, diferentemente das fábricas de brinquedos para parque, todos homogêneos, desconsiderando as diversidades de corpos e as singularidades das crianças.

O trepa-trepa foi montado em um período de greve dos professores. Quando as crianças chegaram, ficaram deslumbradas com o tamanho e a forma, compararam com a maquete para conferir se todos os pedidos haviam sido atendidos. Brincaram muito, explorando todas as possibilidades, como haviam imaginado fazer. Na hora da saída, apresentaram orgulhosamente o novo brinquedo idealizado por elas para as famílias, cuidadores e condutores.

Após um tempo com muitas brincadeiras, perceberam alguns problemas no trepa-trepa e me chamaram para mostrar. Expliquei que eu precisava falar com os rapazes para que fizessem uma adaptação e que demoraria um pouco até que viessem, observassem o problema e procurassem uma solução. Sophia (5 anos) foi bem rápida na resposta: "Grava aí, Marcia, assim você mostra para eles".

E ela segue detalhando: "Sabe, quando alguém sobe aqui, a gente fica com uma sensação de medo, tipo o Felipe que já ficou sentado aqui. Eu que não tenho, venho por aqui". Sophia fala olhando para a câmera, ao mesmo tempo que mostra o vão entre um bambu e outro, indicando onde o amiguinho tem medo de cair e explicando que ela não tem medo e que segue o trajeto normal, pulando até o outro bambu. Ela complementa, apontando a solução: "Precisa colocar um bambu aqui para quem tem medo". Pedro (5 anos) arremata: "E precisa pôr uma escadinha com o bambu mais pertinho, tá difícil". Ele mostra a escada com os degraus bem espaçados e a dificuldade em andar sobre eles.

Enviei o vídeo das crianças, e os rapazes fizeram as adaptações necessárias. Foi uma alegria quando tudo ficou pronto e todas puderam brincar, principalmente para o Felipe, que não se aventurava e sempre ficava sentado no lado mais baixo do brinquedo. Como diz Madalena Freire (1992, p. 21): "É procurando compreender as atividades espontâneas das crianças que captamos seus interesses". Se as fábricas e as escolas ouvissem as crianças, talvez tivéssemos brinquedos mais seguros, inteligentes e interessantes. As crianças têm muito a nos dizer sobre padrões de qualidade, e assim deveriam ser nossas consultoras para quaisquer aquisições que lhes dizem respeito.

PARTICIPAÇÃO CIDADÃ E OCUPAÇÃO DO TERRITÓRIO

> *Eu queria uma pista de skate na praça.*
>
> Bruno, 4 anos

Uma das minhas grandes inquietações sempre foi a participação das crianças na escola, o sentirem-se pertencentes e autoras em igualdade com os adultos na tomada de decisões sobre o que lhes diz respeito. Estudar seu gesto, sua expressão, sua percepção de mundo e influência nas relações.

Até que ponto a participação das crianças nos movimentos sociais interfere na forma como veem sua autoria, seu protagonismo? São apenas induzidas pelos adultos? Como se dá a participação genuína das crianças? Durante alguns anos, observamos o interesse de muitas crianças em participar das assembleias, reuniões de conselho, mutirões e manifestações. Elas são sempre convidadas e explicamos todas as ações desenvolvidas na escola.

Os conselheiros sempre estão a indagar o porquê desses atos, querem detalhes sobre a greve, as paralisações. Muitos pais e mães nos acompanham nas manifestações e levam as crianças. Geralmente fazemos um círculo em volta delas para protegê-las e distribuímos materiais como papéis e canetinhas para que se ocupem e não fiquem entediadas em meio aos discursos dos adultos – assim pensávamos nós. Entretanto, ao observarmos os desenhos das crianças, percebemos que retratavam o momento vivido, perguntavam o que estava escrito nos cartazes, queriam copiar, pediam para escrever o que ditavam, elaboravam palavras de ordem, ou, como diziam, "gritos de guerra".

Brincavam com outras crianças, participavam das cantorias, ouviam os discursos, desenhavam, expressavam cansaço, alegria, em um misto de sentimentos e emoções, mas sabiam o que estávamos fazendo lá, eram parceiras das professoras e de seus pais.

Em uma das manifestações, por ocasião da marcha de professores em frente ao prédio da Prefeitura de São Paulo, o prefeito não nos atendeu, nem ao sindicato, e estávamos todos muito indignados. Rafael, que estava acompanhando sua mãe, perguntou o que estava acontecendo, pois as professoras estavam bravas. Depois que explicamos a ele, começou a gritar: "Tem que ouvir as professoras!", e ficou muito triste porque o prefeito não nos atendeu. Explicamos que enviaríamos uma carta a ele.

Observo que as crianças participantes do Conselho Mirim, oriundas das famílias integrantes do Conselho Escolar ou ligadas a outras representações, adquirem uma postura diferenciada em seus corpos. Participam de tudo, queixam-se menos da demora dos eventos, manifestam entender o ato dos adultos como necessário. Esperam, sem grandes inquietudes, ao contrário do que vemos em outras crianças. Também é comum observarmos crianças expressando medo nessas situações, o que não ocorre com as nossas.

Em uma das reuniões que antecedia a greve, uma das professoras verbalizou que não iria às manifestações porque tinha medo. Citou que na sua família ninguém participava desses movimentos e não estava acostumada a se envolver. Portanto, mesmo que o grupo decidisse entrar em greve, não o faria.

Aquela frase ficou muito tempo reverberando em mim. Talvez se essa professora, quando criança, tivesse sido convidada a exercer sua cidadania na escola ou fora dela, sua concepção de participação seria diferente: não teria medo, e sim vontade de lutar pelo coletivo, em busca de um bem maior para todos. Trataria as causas de forma mais empática e democrática, tal qual Rafael e várias outras crianças que tiveram a oportunidade de viver as discussões e decisões nas assembleias e outros fóruns. Ou como Matilda (5 anos), que gritou do alto de um carro de som em frente ao prédio da Prefeitura de São Paulo, ao lado de sua mãe: "Ouve as crianças, prefeito!".

Em outra ocasião, as crianças ouviram a conversa dos gestores sobre uma EMEI que a prefeitura queria fechar e vender seu terreno. As crianças queriam saber se a escola era como a nossa, onde estava localizada, se havia crianças da idade delas. Assim que constataram as semelhanças com nossa EMEI, se preocuparam muito com os alunos que ficariam sem escola. Diziam que não podíamos deixar isso acontecer e que deveríamos fazer algo a esse respeito.

Soubemos que haveria uma ação para fazer uma ciranda em volta da escola e convidamos as crianças do Conselho Mirim e o Conselho Escolar. Convite aceito, participamos de uma volta com as mãos dadas em torno da EMEI Gabriel Prestes, com cartazes e palavras de ordem: "Não fechem a EMEI". Passamos a tarde com as crianças brincando, cantando nessa escola cheia de vida, com crianças e adultos, cada um a seu modo lutando por sua defesa. Tempos depois, as crianças ficaram muito felizes em saber que a prefeitura desistiu de fechar a escola e sentiram-se importantes. Noah (5 anos) sintetizou esse sentimento: "Agora o prefeito ouviu".

Acredito que a participação cidadã, assim como outras atitudes, são construídas a partir das experiências vividas, da observação do outro, do adulto, na expressão dos diferentes pontos de vista, no envolvimento com a realidade, com as situações nas quais possam e desejem se manifestar. As crianças podem não ter absoluta consciência do ato em si, mas sentem a força da manifestação popular, do exercício de cidadania e o expressam com seus corpos, que dançam, cantam e batem palmas.

Além dos muros da escola: relatos de participação infantil

> *Eu gosto de ver pelo buraco do muro as pessoas passando na rua.*
>
> Fernando, 5 anos

Na maioria das unidades escolares, as crianças ficam escondidas atrás de muros e grades, tornando-se invisíveis para a cidade. Famílias e educadores partilham a cultura do medo de sair com as crianças, medo de um acidente, de intempéries, de pessoas estranhas à comunidade. Assim, cada vez mais, a escola desconecta-se do entorno e constrói barreiras que alijam as crianças da participação na cidade.

Esse processo é tão nefasto que provoca estranhamento em muitas pessoas quando as escolas ocupam os territórios com suas crianças. Às vezes são mal recebidas pelos adultos, pois estes acham inadequada a presença das crianças pelas ruas, praças, feiras, transportes coletivos. É um círculo vicioso, pois nada se faz para garantir o direito das crianças de ocupar a cidade com segurança e espaços apropriados.

A ocupação do território por elas gera uma nova geografia do aprendizado e as reconecta com a vida na cidade. Ocupar o espaço fisicamente de maneira coletiva traz visibilidade à infância e o questionamento sobre a necessidade da reorganização da comunidade, do bairro e da cidade para receber as crianças e acolher suas necessidades e especificidades. É necessário principalmente observar, ouvir as crianças, pois uma cidade boa para elas é boa para todo mundo. A constatação de Francesco Tonucci alimenta nosso ponto de vista:

> É estranho observar que as crianças projetam espaços para todos, e os adultos acabam projetando-os para ninguém. As áreas projetadas pelas crianças gozam de uma atenção e de um cuidado social maiores em relação àquelas oferecidas pelos administradores. As próprias crianças e suas famílias e todo o bairro sentem como sendo suas essas áreas e as defendem. (TONUCCI, 2015, p. 46)

A ocupação do território pelas crianças é uma das intencionalidades do Projeto Político-Pedagógico da EMEI Dona Leopoldina. Cotidianamente são realizadas andanças pela vizinhança, praças, clube e feira livre, sinalizando a presença da infância e utilizando os espaços como educadores, como locais de descoberta e experiências de vida.

Seguem alguns registros de intervenção das crianças como atores sociais que interagem em espaços públicos por meio do Conselho Mirim, apresentando propostas para melhor convivência na cidade.

Conversa com os vizinhos

Vamos colocar placas: "Proibido jogar lixo".
Lorenzo, 5 anos

Em um dos vários passeios pelo entorno da escola, as crianças notaram que havia lixo apenas na nossa calçada: muitos sacos com resíduos, galhos de árvores, sujeira de cachorro. Observaram que a calçada do outro lado da rua estava limpa. Descobriram posteriormente, por meio das rodas de conversa, que os vizinhos colocavam seus resíduos – sacos de lixo, podas de árvores e de mato – em nossa calçada. Ficaram indignadas, assim como os adultos: uma constatação que já havia resultado, em tempos anteriores, em reclamação para o vigia da rua, mas sem sucesso.

As crianças decidiram que precisavam fazer algo – afinal, segundo elas, não era justo a escola ter a calçada suja, sem espaço para andar, e o outro lado da rua estar sempre limpo. Foram várias as sugestões e ideias:

- "Vamos entregar cartas nas casas para não jogar lixo na calçada." (Rodrigo, 4 anos)
- "Vamos explicar: se jogar lixo na rua, dá enchente." (Isaac, 5 anos)

- "Vamos colocar um alto-falante escondido, quando o vizinho colocar lixo, o alto-falante fala que não pode." (Valentim, 5 anos)
- "Deixar saquinhos no muro da escola para os vizinhos colocarem o cocô dos cachorros." (Vitória, 4 anos)
- "Vamos fazer uma placa: 'Cada um coloca o seu lixo na sua calçada'." (Helena, 5 anos)

Crianças, educadores e famílias envolveram-se na elaboração de placas, cartazes e cartinhas escritas coletivamente pelas turmas, que foram entregues nas casas vizinhas ao som de muita cantoria. Alguns vizinhos conversaram com as crianças, ouviram suas orientações; outros não nos atenderam, e deixamos as cartinhas nas caixas de correspondência, apresentadas pela primeira vez para várias crianças.

Depois desse episódio, nossas calçadas ficaram mais limpas e os vizinhos não mais colocaram seus sacos de lixo e podas na nossa calçada. As crianças precisaram ensinar-lhes uma lição de cidadania, e os educadores as ajudaram a defender suas posições e a lutar pela conquista do direito de uma calçada limpa para andar e brincar.

É importante salientar que as crianças não se contentaram em apenas constatar uma situação cotidiana, como os adultos faziam: alguns se queixavam, mas foram as crianças as proponentes de ideias para a mudança de postura dos moradores. Quando confrontadas pela vivência de uma temática que entendem como errada, as crianças não se conformam, buscam soluções, modos de pensar e de agir para modificar a situação. Se os adultos criam espaços participativos, as crianças os ocupam, principalmente as crianças contemporâneas, que são observadoras e transgressoras.

Reivindicação de uma boa alimentação

Não aguento comer só bolacha.

Ana, 4 anos

As crianças reclamavam diariamente da alimentação; não havia enriquecedores diferenciados para o pão e as bolachas, o café da manhã e da tarde eram os mesmos. As famílias reclamavam que as crianças chegavam com muita fome em casa porque o lanche da tarde não supria suas necessidades, pois ficam na escola em período integral.

O Conselho de Escola decidiu participar de uma Audiência Pública sobre alimentação escolar na Câmara Municipal, e as crianças resolveram escrever uma carta para o prefeito, que seria entregue ao secretário de Educação por uma mãe e pela equipe gestora após nossa exposição.

De pública, pouco se viu nessa audiência. Somente discursaram o secretário de Educação, vereadores e três pais que puderam se pronunciar com inscrições prévias. Solicitamos ao presidente da mesa, Cláudio Fonseca – que além de vereador é presidente do Sindicato dos Profissionais em Educação no Ensino Municipal de São Paulo (SINPEEM) –, um momento para a leitura da carta das crianças da nossa EMEI, o que foi negado, alegando-se tempo insuficiente.

Como falar da alimentação das crianças sem considerar suas opiniões? O próprio secretário de Educação, os vereadores que dizem defender os direitos das crianças, nem sequer as deixaram exercer o direito de manifestação. Por que para os adultos havia tempo e para as crianças não?

> **CARTA DAS CRIANÇAS AO PREFEITO DO MUNICÍPIO DE SÃO PAULO**
>
> Senhor prefeito,
>   Aqui na escola, todo dia tem geleia de amora. A gente não aguenta mais geleia. Tem que ter requeijão, manteiga, geleia de outras frutas. Seria bom ter frutas no café da manhã, porque a gente não gosta da geleia e come pão sem nada e tem criança que fica enjoada. A gente não está gostando e não quer que mande mais geleia. A gente não come e quando vai brincar no morro da escola fica sem força, tudo por causa dessa geleia.
>   Senhor prefeito, o senhor podia resolver e mandar requeijão. A gente também quer coisas saudáveis, não tem suco de manhã, podiam mandar cada dia um suco: de laranja, morango, abacaxi ou outra fruta. No lanche da tarde só tem bolacha água e sal sem nada. Podia ter manteiga para passar, quem não come bolacha fica com fome na perua. Tem muito arroz-doce, tinha que mandar fruta.
>   Por favor, mande cada dia uma coisa diferente porque a gente está achando ruim. Precisa de um pouquinho de cada comida para ficar bom. Podia mandar mais saladas diferentes e tomatinho-cereja. Precisa mandar mais pedaços de frango para fazer frango assado que as fadinhas da cozinha fazem tão gostoso, mas faz tempo que não tem.
> Conselho de crianças da EMEI DONA LEOPOLDINA
> São Paulo, 2016

Ao contrário do que esperávamos inicialmente, a carta com as solicitações das crianças foi entregue ao secretário de Educação na saída da audiência pública, no corredor e às pressas. Mirei no exemplo das crianças, que sempre encontram brechas pelo caminho, conversei com assessores e, nesse mesmo dia, o deputado Carlos Giannazi a leu na TV Câmara, causando um grande impacto.

No dia seguinte, recebemos na escola uma comissão de alimentação escolar para conversar com nossas crianças, educadores e pais. Realizamos várias reuniões com nutricionistas da escola, diretoria regional, setor de alimentação escolar e outras EMEIs de tempo integral. Conseguimos alterar o cardápio para ter maior diversidade de alimentos, de acordo com a necessidade e aceitação das crianças. Francesco Tonucci nos lembra que

> As crianças estão acostumadas a não serem ouvidas ou a serem admiradas sem nunca serem levadas a sério, por isso não as surpreende e tampouco as decepciona excessivamente o desinteresse dos adultos. No entanto, se alguma vez acontecer que uma proposta seja levada em conta e realizada, então pode acontecer "o milagre": aquelas crianças sentir-se-ão orgulhosamente cidadãs e terão uma enorme vontade de tornarem-se adultos para continuar a defender e a melhorar a sua cidade. (TONUCCI, 2005, p. 18)

Quando não há políticas públicas para a infância, as fazemos nós mesmos com as crianças, em cada espaço, com cada pessoa que queira participar e fazer acontecer. Elas sempre contavam muito orgulhosas sobre a carta que escreveram ao prefeito e ficaram muito felizes com a suspensão da geleia. Nem preciso dizer que queriam repetir o processo com os alimentos de que não gostavam. Aprenderam o caminho da reivindicação!

Diálogos com os prefeitos regionais

> *Precisa cortar o mato do caminho das crianças.*
>
> Caio, 5 anos

Costumamos sair semanalmente para ocupação do território: visitamos as ruas e praças, a feira livre e o Clube Pelé, próximo à escola. Em um dia de 2015, as crianças começaram a perceber que havia muito lixo jogado no chão e observaram a dificuldade para atravessar a rua, pois os adultos tinham que sinalizar para os carros: "Não tem lixeira na calçada, por isso jogam lixo no chão. Não tem farol e faixa para a gente atravessar a rua".

Levaram a questão para o Conselho Mirim e, após muita discussão, chegaram à conclusão de que não conseguiriam resolver o problema na escola, que deveriam falar com o prefeito, que é, segundo elas, quem "manda" na cidade. Conseguimos falar com o prefeito regional Antônio Queija, que, além de ouvir as demandas das crianças relatadas por nós, compareceu à escola para conhecer o Projeto do Conselho Mirim e ficou muito interessado em nossas ações de cidadania com crianças tão pequenas.

As crianças prepararam uma entrevista, o prefeito regional respondeu aos questionamentos e chamou o grupo para conhecer seu trabalho na Regional da Lapa. Recebeu-nos em sua sala, convidou as crianças para se sentarem em uma grande mesa de reunião e solicitou que sua secretária anotasse as sugestões das crianças. Começaram pedindo lixeiras em volta da escola e seguiram com as reivindicações. Gabriel (4 anos) disse: "Tem que fazer placas grandes para todo mundo ver que está escrito para não jogar lixo". Carolina (4 anos) complementou: "Mas as crianças não sabem ler, tem que ter desenho". Pedro (4 anos) assinalou: "Precisa podar as árvores, não dá para passar na calçada da escola", e Caio (5 anos) ajuntou: "Precisa cortar o mato do caminho".

Esse administrador público reconheceu seu papel, validou as solicitações das crianças, mostrando muito respeito ao que ouvia, assim como sua secretária, que acolheu cada mãozinha que a tocou, cada pergunta feita. Os olhos das crianças brilhavam, bem como os nossos, pois era a primeira vez que o Conselho Mirim era reconhecido fora da escola. Não era preciso nenhuma palavra para traduzir o que sentíamos.

Muito acolhedor, Antônio Queija abaixou-se para conversar com as crianças, respondeu às perguntas mais inesperadas e as convidou para uma visita guiada pela Prefeitura Regional. As crianças sentiram-se muito importantes naquela imensa sala de reuniões, ao passar como convidadas pelas diversas dependências e ainda com direito a um lanchinho delicioso. Ao final, o prefeito regional prometeu providências para os problemas apresentados.

Passado certo tempo sem que tivéssemos recebido resposta às solicitações, as crianças queriam voltar à Regional da Lapa para cobrar a promessa. Como naquele momento não havia condições, pois dependíamos de transporte, decidiram gravar um vídeo para o prefeito regional. Elas elaboraram até mesmo um "grito de guerra", cantavam e batiam na mesa repetindo várias vezes: "Queremos nossas lixeiras, o senhor prometeu e não cumpriu!".

Ficamos reticentes em enviar a gravação, mas as crianças nos convenceram, mais uma vez, argumentando que tinham visto na televisão que, quando um repórter cobrava os políticos, eles faziam o que haviam prometido. O que estavam nos dizendo essas crianças? Como deixar de considerar o ato político que construíram? Como negar-lhes essa ação? Enviamos a gravação e recebemos a resposta no dia seguinte, acompanhada por um pedido de desculpas, muitas risadas, solicitando que aguardássemos mais algumas semanas para o atendimento das solicitações. Quinze dias depois recebemos um mutirão da Prefeitura Regional que colocou lixeiras e sinalização em volta da escola, podou o mato e as árvores.

As crianças ficaram felicíssimas e os adultos também, pois já fazia tempo que cobrávamos essas providências, sem resposta do poder público. Foi uma aula surpreendente de cidadania para todos nós. Em 2016, continuamos discutindo com as crianças o cotidiano, resolvendo problemas, gerindo a escola. Tornou-se usual as crianças dirigirem-se à diretoria para levar reclamações e sugestões ou encaminhá-las para quem achavam que conseguiria auxiliar na resolução de cada questão. Sempre havia um desenho, um pedido esperando em minha sala ou um comentário pelos corredores.

Diálogo com a Prefeitura Regional: reivindicações para o bairro

> *Precisa colocar um farol para o carro não atropelar as pessoas.*
>
> Kauã, 5 anos

Em 2017, em uma das frequentes visitas ao Clube Pelé, quando estavam atravessando a rua, uma moto furou o bloqueio feito pelos adultos e passou no meio das crianças. Ficamos todos muito assustados! Alguns verbalizaram: "Não tem farol, tenho medo da minha professora morrer atropelada porque ela tem que parar o trânsito. Se ela morrer quem fica com a gente? A rua está cheia de mato, não dá para andar na calçada, tem que andar na rua. Tem praças perto da escola, mas não dá para brincar".

Levaram essas questões para o Conselho Mirim e decidimos acionar novamente a Prefeitura Regional. O novo prefeito regional, Carlos Magalhães, participou de uma reunião conosco e com o Conselho Mirim, trouxe um representante da Companhia de Engenharia de Tráfego (CET) e o responsável pelas praças da região.

As crianças prepararam desenhos mostrando que queriam faróis, faixas, que cortassem o mato e que colocassem brinquedos e banquinhos nas praças. Aguardamos a ação da Prefeitura Regional por um bom tempo e as crianças sempre perguntavam quando iríamos conversar novamente com o prefeito regional para cobrar as reivindicações. Como não obtivemos resposta, as crianças lhe escreveram uma carta.

> **CARTA PARA A CET**
>
> Por favor, precisamos de farol para atravessar a rua porque é muito perigoso e as professoras precisam parar o trânsito e, se a professora da manhã morrer, só fica a professora da tarde.
>
> E se a professora Mariza morrer a turma vai ficar sem professora, porque só a Mariza fica de manhã, e à tarde, a professora Aline, que ajuda as outras professoras, não consegue ficar com todo mundo.
>
> E se a Crenilza morrer não vai ter ninguém para cuidar das crianças especiais.
>
> Temos medo que um carro atropele as crianças ou um carro com uma pessoa que bebeu e está dirigindo pode matar a gente.
>
> Se um carro atropelar uma criança ela tem que faltar na escola e vai perder as coisas legais e uma criança que não enxerga direito pode se machucar.
>
> E a moto pode machucar a mão das crianças e aí não dá para fazer mais nada.
>
> Queremos que os guardas montem um farol porque vai ficar mais fácil atravessar a rua e as professoras não precisam parar os carros.
>
> Precisa de farol em frente ao Pelezão e no caminho para a feira.
>
> Obrigado,
> Conselho de crianças da EMEI DONA LEOPOLDINA
>
> Obs.: A fala das crianças foi transcrita em forma de texto coletivo.

A CET realizou um estudo e nos informou que não poderia colocar semáforos devido à proximidade de outro na mesma rua, o que truncaria o trânsito, mas instalaria lombadas.

Foi interessante a CET e a Prefeitura Regional terem respondido às crianças, entendendo-as como cidadãs. Os familiares comentaram que as respostas às solicitações são sempre bem demoradas e admiraram o respeito demonstrado com as crianças. Também ficaram surpresos com a capacidade de empatia das crianças, preocupando-se com todos e tentando tornar a rua um lugar mais seguro. Elas mostraram um olhar humanizado que impacta diretamente o coletivo, desnaturalizando o olhar passivo dos adultos diante das dificuldades, como a travessia dessa rua perto da escola, que dificultava o cotidiano de todos.

> **CARTA DAS CRIANÇAS AO SR. PREFEITO REGIONAL**
>
> Sr. Prefeito Regional,
> As crianças perguntaram, essa semana, por que nossas solicitações não foram atendidas e decidiram escrever a carta que segue abaixo. Aguardamos seu retorno.
>
> > Sr. Prefeito Regional,
> > Por favor, arrume as coisas que pedimos na reunião. Precisamos que arrume os buracos da rua da escola. E do semáforo para ir à feira e ao Pelé. E os brinquedos e a mesa da praça que pedimos.
> > Você está sossegado? Será que está de férias, por que você não veio? Ou esqueceu? Ou está com catapora, que demora para sarar e tem que ficar em casa?
> > Se você fizer as coisas, nós vamos falar OBRIGADO.
> > Crianças do Conselho da EMEI Dona Leopoldina

Quanta cidadania vemos nesse texto coletivo? Quantos conhecimentos percebemos?

Há conversas com as crianças que nos auxiliam a entender ainda mais suas narrativas. A documentação escrita e iconográfica produzida por elas nos permite observar como o Projeto Político-Pedagógico reverbera nessas produções, como elas se apropriam e ressignificam o que ouvem, sentem no cotidiano por meio das práticas sociais, e nos dizem muito sobre suas vivências como sujeitos.

As crianças acharam que já haviam esperado demais, tempo suficiente para que o prefeito regional lhes respondesse. Saliento o uso da linguagem respeitosa: iniciam o texto com "por favor". Dizem que o prefeito precisa arrumar os buracos e desenham vários buracos ao lado de uma pessoa com uma bengala na mão e um carro passando na rua – os buracos são coloridos. Indagada sobre o porquê das cores, a criança responde: "é porque os buracos são fundos e em cada um aparece uma coisa embaixo".

Há muitos saberes, muitas informações reveladas: a pessoa com bengala pode cair no buraco, assim como o carro; os buracos têm profundidades variadas; o solo é diferente; e todo o asfalto está ruim. Percebem que é perigoso, que alguém deveria tomar providências, procuram saber quem é o responsável e acreditam que por meio do Conselho Mirim conseguirão resolver o problema.

Indignam-se com a demora na resolução, levantam hipóteses: "Será que está sossegado, achando que não é um assunto sério, importante?". Dizem: "Será que está em férias do trabalho?"; "Esqueceu?". Pouco lhes importa o motivo, mas estão muito aborrecidas pela ausência de devolutiva do prefeito regional.

Inserem suas vivências: "Está com catapora, que demora para sarar e tem que ficar em casa?". Nessa época, estava havendo um surto de catapora na escola, as crianças presenciavam o afastamento dos amiguinhos doentes e muitos tiveram a doença. Foram capazes de inserir a situação vivida como explicação para a demora da resposta, pois para as crianças é inconcebível a ausência de resposta para seus questionamentos. Finalizam com: "Se você fizer as coisas, vamos falar obrigado". Entenderam que seria obrigação do prefeito regional atender às solicitações, mas percebem que no convívio social agradecemos quando alguém nos atende.

As narrativas das crianças são um convite para olhar "de pertinho", como dizem os pequenos, com cautela, para vermos e ouvirmos o que elas nos apontam. Às vezes, nosso olhar "adultocentrista" não nos permite compreender os processos infantis; entender que elas possuem suas próprias percepções do mundo, que têm um olhar sensível e único, mas não menos perspicaz e empático quanto às desigualdades que presenciam.

O direito ao clube

Se todo mundo é diferente, por que só desenham pessoas da mesma cor?

Isabela, 5 anos

Como prática de ocupação do território, utilizamos semanalmente com as crianças o Clube Escola Pelé, que fica ao lado da nossa unidade. Em anos anteriores, esse espaço oferecia aulas de circo, futebol de areia e tênis para as crianças. Com o tempo essas atividades deixaram de ser oferecidas, e o clube sofreu um processo de deterioração dos espaços e dos brinquedos, com muita sujeira ao longo do caminho. Todos os anos as crianças conversavam com a diretoria do clube para sugerir modificações, reivindicar soluções para os problemas, mas poucas resoluções foram encaminhadas.

A vizinhança que usufrui do clube também não é receptiva à presença das crianças da escola pública. Estamos em um bairro de classe média alta, com casarões centenários. Em um dos dias de brincadeiras no clube, havia uma jovem senhora sentada em um dos bancos no meio do parque, lendo um livro. As crianças, felizes, corriam e gritavam. A senhora se dirigiu a mim, pois eu estava mais perto, e disse: "Ensinem essas crianças a falar mais baixo e a respeitar quem está lendo". Olhei incrédula e perguntei a ela se sabia que estava no meio de um parque e se o parque era para as crianças ou para os adultos. Ela ainda resmungou que as crianças não tinham educação e que as escolas de hoje não sabem ensinar. O que essa senhora nos diz a respeito de sua visão de criança? De ocupação do território?

A partir daquele dia, procuramos sempre sinalizar os direitos das crianças. Fizemos até um cortejo com uma plaquinha em que estava escrito "Nenhum direito a menos" e iniciamos um diálogo mais efetivo com a gestão do clube. Um dos pais, que na época fazia parte da Secretaria de Esportes, conseguiu uma reunião com o secretário, o diretor do clube, Miguel, pais, moradores, conselheiros mirins e educadores. As crianças apontaram vários problemas: a falta de brinquedos, a sujeira, o mato que estava muito alto, a interdição da piscina e a falta de espaços destinados a elas, porque, segundo observavam, somente os adultos podiam utilizá-los. Constatamos, inúmeras vezes, várias atividades direcionadas para adultos e nenhuma para crianças pequenas.

Sugerimos ao diretor do clube participar de uma roda de conversa com os conselheiros no próprio clube, para facilitar a visualização dos problemas. As crianças o acompanhavam por todos os espaços, comentando: "Olha como o escorregador está enferrujado, pode dar tétano, precisa tomar injeção depois, o meu primo teve, machucou no prego enferrujado". Outra criança apontou: "A placa caiu, não dá para saber onde fica o lago se alguém quiser ir lá". Outra mostrou um ferro e constatou: "Olha o que soltou do brinquedo, alguém pode se machucar feio".

Elas pegaram na mão do diretor e o levaram para todos os lados; a cada espaço, uma observação. Caio (4 anos) comentou: "O bebedouro está quebrado, não dá para beber água", e Fernanda (5 anos) emendou: "O bebedouro é muito alto, a gente não alcança". José (4 anos) reclamou: "A privada é para adultos, a criança não consegue". E Noah (5 anos) perguntou: "Por que não podemos entrar na piscina?".

O diretor recebeu uma carta com todas as solicitações das crianças e disse a elas que ficou muito surpreso com todas as observações, explicando que se reuniria com sua equipe para avaliar o que seria possível fazer. Desde seu início no clube, esse jovem gestor mostrou-se bem sensível à escuta das crianças e, como é morador do bairro, conhece bem a problemática entre os vizinhos usuários e as escolas públicas. Fizemos várias reuniões, e as crianças apontaram os brinquedos que gostariam que houvesse no clube.

Em um dos convites para uma reunião no clube, o gestor avisou que havia uma surpresa para as crianças. Elas ficaram eufóricas, pensando o que poderia ser. Ao chegarmos lá, os brinquedos haviam sido consertados e pintados, os espaços haviam sido limpos e a grama estava cortada. Não cabiam em si de tão felizes: corriam, brincavam, abraçavam Miguel e sua equipe, que estava ao lado, para a qual fez questão de apresentar nossos conselheiros, dizendo que as crianças ajudariam sempre, avisando o que precisaria de manutenção.

> **CARTA DOS ALUNOS DAS TURMAS DO BOLINHO DE ARROZ E DA LUA AO SECRETÁRIO MUNICIPAL DE ESPORTES E AO DIRETOR DO CLUBE ESCOLA PELÉ**
>
> Senhor secretário do Esporte, visitamos o Clube Pelezão no dia 15 de junho e vimos que não há atividades divertidas e parques que possamos utilizar para brincar.
>
> Como ficamos o dia todo na EMEI Dona Leopoldina, gostaríamos que houvesse um espaço que possamos utilizar para fazer aulas de esportes. E o melhor lugar para isso seria no clube que fica pertinho da nossa escola e podemos ir a pé.
>
> Em nosso passeio vimos algumas situações e brinquedos que não são apropriados para nós. Registramos com nossas câmeras fotográficas esses espaços.

Não é possível descrever em palavras todo o orgulho e o protagonismo sentido pelas crianças. Observando suas ideias sendo colocadas em prática por vários adultos, sentiram-se "importantes", como disse uma delas. As conquistas não pararam por aí. Destinou-se um lugar para uma brinquedoteca a ser montada com as crianças e suas famílias, sugestões para as placas de sinalização e o tão sonhado uso da piscina.

Quinze dias depois, em um belo dia de sol, seguimos pelas ruas com as crianças em trajes de banho, óculos, chinelos e toalhas, eufóricas em direção à piscina, acompanhadas por famílias voluntárias, cantando e parando literalmente o trânsito. Fomos recepcionados por Miguel e sua equipe de salva-vidas, que explicaram as regras, avisaram que a piscina estava fechada para o público de fora e somente a escola a usaria.

Muitas crianças nunca haviam entrado em uma piscina e muito menos em uma de tamanho gigante, embora própria para crianças. Segundo vários relatos, foi o dia mais feliz da vida delas. Desenharam e falaram da piscina durante vários dias seguidos. Alheios à felicidade dos pequenos, alguns vizinhos reclamaram com o diretor do clube por ter aberto a piscina somente para as crianças da escola. Se não bastasse o não reconhecimento dos direitos das crianças, era outubro, mês em que tradicionalmente elas são celebradas.

Diariamente presenciamos nas ruas e nos diversos territórios pela cidade o descaso com as crianças, a falta de diálogo com as infâncias. Lembro-me de uma visita a um museu, quando os monitores não conversavam com as crianças, apenas ofereciam informações e sinalizavam durante todo o tempo para as crianças não tocarem nas obras. Mariana (5 anos) disparou: "Se não pode mexer, se não pode brincar, se não pode falar, o que as crianças vieram fazer aqui?". Inesquecível.

Os adultos deveriam pensar seriamente sobre essas questões, sobre os espaços e tempos que oferecem às crianças. Precisamos, sim, ter regras claras dentro de um museu ou qualquer outro espaço público, mas também é necessário conhecer as crianças que receberão para planejar ações mais efetivas. Um diálogo mais afetuoso e acolhedor faz muita diferença: perguntar o que as crianças esperam encontrar, o que sabem sobre o lugar ou a respeito da exposição apresentada, fazer questionamentos que tenham relação com seu cotidiano e realidade as aproxima do desejo de conhecer.

A cidade precisa ouvir as crianças, entender suas necessidades, sua percepção de mundo, para que elas construam uma relação de pertencimento. As crianças olham a cidade e seus encantamentos, encontram trevos e matinhos por entre as vigas e pedras, enquanto os adultos, aqueles que não ouvem sua criança interior, veem a dureza da cidade na inteireza do seu concreto.

Nós, adultos, nos esquecemos de sonhar, tão absortos que estamos em nossos afazeres. Ao ouvir as crianças, nos reconectamos com seu olhar inaugural, mais afinado com a realidade que nos cerca, para então projetar os sonhos. A participação das crianças na vida da cidade, acrescida de uma postura mais respeitosa por parte dos adultos, a torna mais humana, boa para todos.

A maneira como vemos a cidade é sempre contada pelo adulto, que geralmente aponta o perigo, ao contrário da criança, que vê o encantamento. Precisamos desses olhos para criar memórias positivas sobre a cidade, precisamos nos reconectar com o território à nossa volta, construir relações de pertencimento, ocupar e transformar cada pedaço de mundo ao nosso alcance. Precisamos aprender com as crianças a acreditar, a convencer o outro e a encontrar respostas para tudo.

O Conselho Mirim envolveu muitas pessoas em seu olhar para o entorno. Uma delas, a mãe e arquiteta Érica, que já havia encaminhado a nós os rapazes que montaram o trepa-trepa de bambu, desenhou o sonho das crianças e lutou conosco pela praça ao lado da escola. Fez o projeto formal, discutiu com a arquiteta da Prefeitura Regional todos os detalhes e, meses depois, foi iniciada a esperada obra para a nova praça. Infelizmente, durante a construção fomos surpreendidos pela pandemia de covid-19, e a obra foi finalizada sem a presença das crianças. Mesmo assim, seus pedidos foram contemplados: brinquedos, mesinhas, flores e árvores estão lá.

Os olhos infantis tornam a cidade mais acolhedora, atendendo à pluralidade, tornam os espaços mais alegres, ao mesmo tempo que constroem pertencimento. Esse é o papel das crianças no desenvolvimento das cidades, quando lhes damos visibilidade, quando podem exercer seu direito de pensá-la. A rua é o local em que exercemos nossa cidadania plena, onde criamos relações para que as crianças se desenvolvam integralmente e para que a cidade seja realmente educadora. Para tanto, é necessária uma escuta sensível por parte dos adultos e vontade política para lutar pela infância.

Uma praça para todos

Eu queria que tivesse brinquedos para brincar e flores para olhar.
Fernanda, 4 anos

As crianças buscavam alternativas para tudo que viam e que achavam necessário melhorar. Em uma das andanças pela praça perto da escola, elas observaram que estava difícil caminhar por causa do mato e dos entulhos. Uma criança contou que na praça perto da sua casa tinha brinquedos, outra perguntou por que ali não tinha, e começamos a conversar sobre essa possibilidade.

A discussão ganhou forma, envolvemos os pais do Conselho Escolar, a comunidade, e as crianças decidiram escrever uma carta para o prefeito regional, porque já sabiam que ele era o responsável pelo cuidado com as praças. Haviam descoberto, também, por meio de experiências anteriores com a Prefeitura Regional, que as cartas funcionam bem para a comunicação.

O prefeito regional participou da reunião na praça com as crianças do Conselho Mirim e prometeu que faria a transformação desejada por elas. Estas pularam em seu pescoço e o abraçaram, entregando-lhe a carta.

O que mais admiro nas crianças é sua capacidade de sonhar e acreditar em suas utopias, diferentemente dos adultos que passavam todos os dias por aquela praça e não pensavam nas flores que poderiam trazer borboletas, na grande sala verde que teriam à disposição. Como diz Paulo Freire (2015, p. 124): "Sem sonho, sem utopia, sem denúncia e sem anúncio, só resta o treino técnico a que a educação é reduzida".

O sonho das crianças para a praça mobilizou muita gente, como o diretor e a coordenadora da Escola Estadual Prof. José Monteiro Boanova, ao lado da nossa EMEI e com entrada de frente para essa praça. Eles acharam a ideia das crianças muito interessante e incluíram seu grêmio no processo: crianças do Ensino Fundamental e jovens do Ensino Médio aliaram-se ao nosso projeto.

Realizamos várias reuniões com nossas crianças, com a Escola Boanova, a Associação de Bairro e com Andreia – vizinha da escola que soube dos sonhos das crianças e escreveu uma carta para os outros moradores das ruas próximas à praça, convidando-os para pensar conosco formas de encantar aquele espaço para crianças, jovens e adultos.

CARTA DO CONSELHO MIRIM DA EMEI À ASSOCIAÇÃO DE BAIRRO E À PREFEITURA REGIONAL

Nós fomos visitar a praça ao lado da escola e vimos que tem muita sujeira no chão, não tem lixeira, o mato está grande, tem cocô de cachorro. Tinha adolescente jogando bola e a bola caiu em todos os lugares. Tinha muita sujeira, árvores caídas e tinha até vidro no chão. Adolescente rabiscando o poste, e o orelhão estava quebrado, e vimos muitas coisas: muito lixo. Nós todos aqui da EMEI temos um sonho para essa praça, para que todos possam usar, pensamos em como deixar a praça mais legal para todo mundo.

Todas as turmas deram sugestões, brinquedos: gira-gira, tanque de areia, gangorra, balanço, trepa-trepa, escorregador, quadra para jogar bola. Os brinquedos, precisam colocar na grama, pois se colocar no cimento a criança pode se machucar.

Pensamos também em coisas para deixar a praça mais bonita, flores, jabuticabeira, bananeira, mangueira, abacateiro, macieira e cortar a grama para o mato não machucar a perna, lixeiras, um lugar para o cachorro fazer cocô e brincar, casinha para o cachorro, ração, água, cobertor e travesseiro.

Mesa e cadeira para fazer piquenique. Uma torneira para pegar água. Também queremos internet na praça para usar o celular.

Vamos chamar todos para ajudar, a Prefeitura pode cortar o mato e colocar os brinquedos; as crianças podem ajudar a limpar e doar brinquedos; as mamães e quem costura podem fazer a cabana para os cachorros.

Podemos também colocar regadores para regar as plantas que estão feias, as crianças também podem fazer placas pedindo para as pessoas não sujarem a praça e recolherem o cocô do cachorro.

Se todo mundo ajudar, podemos construir nosso sonho, como fizemos com a Casa na Árvore na nossa escola. Todo mundo sonhou, desenhou e muita gente ajudou a fazer de verdade.

Esperamos que vocês nos ajudem.
Conselheiros mirins da EMEI Dona Leopoldina - 2019

Participamos da Virada Sustentável[2] a convite da Alexandra Swerts, Lara e Isabel, membros da comunidade Vila Leopoldina, que também tinham sonhos para a praça, um grupo muito atuante no bairro.

Em torno de uma toalha de chita, representantes do Conselho Mirim da nossa EMEI, representantes da Escola Estadual Prof. Boanova, pessoas da comunidade do entorno – crianças, jovens, adultos e terceira idade – socializaram suas ideias para o encantamento da praça: para transformá-la em um lugar de convivência para todos.

Nossas crianças fotografaram a praça, o entorno e desenharam seus sonhos, auxiliadas pela mãe e arquiteta Érica, que lutou bravamente conosco pela realização desse projeto. Participou de infinitas reuniões, buscou recursos, alinhou-se com a arquiteta da Prefeitura Regional e transformou as ideias de todos em um projeto arquitetônico bem parecido com o das crianças.

Érica ouviu todas as vozes e conseguiu contemplar quase todos os sonhos para a praça, validou cada ideia das nossas crianças, assim como Leonardo Santos, o prefeito regional, que cumpriu o prometido para os pequenos.

---

2 "A Virada Sustentável é um movimento de mobilização para a sustentabilidade que organiza o maior festival sobre o tema no Brasil e teve início em 2011. Envolve articulação e participação direta de organizações da sociedade civil, órgãos públicos, coletivos de cultura, movimentos sociais, equipamentos culturais, empresas, escolas e universidades, dentre outros, com o objetivo de apresentar uma visão positiva e inspiradora sobre a sustentabilidade e seus diferentes temas para a população, além de reforçar as redes de transformação e impacto social existentes nas diferentes cidades." Disponível em: https://www.viradasustentavel.org.br/o-que-e-a-virada. Acesso em: 7 mar. 2022.

CONSELHO DE ADULTOS E CONSELHO DE CRIANÇAS: INTERSECÇÕES

> *Se você acha que alguma coisa não tá legal, fala no conselho.*
>
> André, 5 anos

Paulo Freire tem um conceito de comunicação radical:

> A verdadeira comunicação não admite uma só voz, um só sujeito, a transmissão, a transferência, a distribuição de um discurso único, mas sim a possibilidade de muitas vozes, alteridade cultural, independência e autonomia dos sujeitos, inúmeros discursos, enfim, estruturas radicalmente democráticas, participativas, dialógicas. (FREIRE, 1987, p. 25)

Como a comunicação acontece na escola? É um lugar em que há muitos atores adultos e, apesar de todo o investimento em formação na defesa das crianças como atores sociais – com linguagens e culturas próprias –, ainda esbarramos no discurso construído historicamente que nega seu protagonismo nas decisões que as envolvem no cotidiano. Considerar os direitos das crianças ainda é um desafio, tanto na construção de políticas públicas como no interior das casas, escolas e demais instituições que elas frequentam. É um trabalho que demanda, dos cuidadores e educadores, uma postura acolhedora e política, no sentido da garantia de luta pelos direitos dos pequenos.

Uma cena como exemplo. Durante uma reunião de Conselho de Escola, discutíamos a questão de as crianças trazerem brinquedos de casa, pois havia um grande desconforto a esse respeito entre os adultos. Muitas vezes, tais brinquedos eram motivos de brigas e despertavam desejos de compras impossíveis para algumas famílias.

Um pai levantou a mão e perguntou: "Gostaria de saber o que ficou decidido sobre o dia do brinquedo. Vai ser mantido ou não?". Uma educadora respondeu: "Já houve uma primeira discussão no Conselho de Escola. Está em discussão no Conselho de Crianças". O pai insistiu: "Mas precisa de tudo isso? É uma coisa simples, por que vocês não decidem? Só nos dizem se pode ou não trazer o brinquedo e em qual dia da semana".

Beatriz, uma educadora, respondeu: "O Conselho Mirim é uma instância representativa como esta aqui. Isso será deliberado no conselho, mas trará a discussão das crianças para chegar a um caminho que não é da direção, nem dos professores, nem dos pais, nem somente das crianças, e sim do coletivo, em um processo de diálogo, sempre. É um processo que precisa de tempo para que as pessoas se coloquem. Depois da festa, haverá uma reunião para decidir". Uma mãe complementou a fala da educadora: "Nosso espaço de fala é o Conselho de Escola, o das crianças é o Conselho Mirim. Depois, juntamos tudo para decidir".

Um pai acrescentou: "As reuniões do conselho são abertas. Todos têm direito de fala, mas direito de voto é só dos representantes, que têm que trazer a ideia da maioria". A educadora explicou: "A questão do brinquedo surgiu por diversas demandas das próprias famílias, ponderando que seriam estímulos ao consumismo; que geram conflitos entre as crianças; quando esquece de trazer o brinquedo no dia marcado, a criança chora etc. Para discutir essas questões, que dizem respeito a todos nós, temos esses dois fóruns: o Conselho Mirim e o Conselho de Escola. O processo é mais moroso, mas a gente entende que esse é o caminho democrático".

Adriana Friedmann registra que

> Nas sociedades pós-modernas, embora exista o esforço de várias partes, raramente a relação com as crianças é de verdadeira escuta. Isso porque nós, adultos, as enxergamos com base em nossos próprios valores e, pressionados pelo cotidiano, não temos tempo ou atenção para adentrar os labirintos "infantis". (FRIEDMANN, 2020, p. 42)

Para a conquista do exercício democrático, o trabalho com as diferentes vozes é fundamental: ouvir variados argumentos, pontos de vista e realidades de todos os atores sociais. Não se trata somente de seguir regras, mas de construí-las coletivamente, entendendo sua necessidade e os diferentes pontos de vista.

Ao compreenderem a necessidade da escuta das crianças em um assunto do máximo interesse delas, é um desafio para os adultos reconhecer nas crianças o olhar cidadão, seus argumentos e interpretações. A reunião com o Conselho Mirim também foi intensa, com muitas colocações:

- "Mas é legal trazer brinquedo de casa." (Otto, 5 anos)
- "Eu gosto de trazer coisas de casa." (Bianca, 4 anos)
- "Fico triste quando o amiguinho chora." (Alice, 5 anos)

- "Tem criança que não empresta." (João, 5 anos)
- "Tem muita briga." (Helena, 5 anos)
- "Tem muita gente que não tem dinheiro para comprar brinquedo." (Antônio, 5 anos)
- "Eu posso emprestar para quem não tem." (Antonella, 4 anos)

Após muita discussão, as crianças verbalizaram que gostariam de trazer os brinquedos, mas que havia muitas brigas e que não estava bom da forma que essa atividade era feita. Antonella (4 anos) sugeriu: "E se a gente trouxer alguma coisa de casa que não é brinquedo de comprar?".

Levamos a argumentação para o Conselho de Escola e, após muitas discussões, decidimos pela ideia das crianças. Entendemos que elas queriam trazer algo de casa, mas percebiam que os brinquedos causavam mais brigas do que alegrias.

Ficamos todos surpresos com essa ideia defendida pelas crianças, pois achávamos que seriam unânimes em querer trazer os brinquedos. Ao ouvirem os argumentos na reunião, boa parte delas ainda insistia em trazê-los, mas quando houve uma sugestão que traduzia o que possivelmente queriam – "trazer algo de casa" –, a ideia foi imediatamente acatada.

Algum tempo depois, em nova reunião, as crianças trouxeram a queixa de que alguns professores deixavam trazer "brinquedos escondidos" para brincar nas salas e estavam indignadas com a quebra do combinado. Essas crianças nos convidaram a rever nossas lógicas, a repensar nossas posturas em contextos sociais e educacionais. As crianças argumentam ante as injustiças que observam ao redor, pois para elas a construção de um combinado é uma lei para todos e deve ser respeitada. Rinaldi (2012, p. 249) destaca que, "quanto menor for a criança, mais a escola e seus educadores precisam ter consciência dessa importante tarefa e mais profundo deve ser seu senso de responsabilidade".

As crianças foram ouvidas. Conversamos com os educadores e novos combinados foram feitos, novos estudos realizados, muitas reflexões sobre nossa prática foram tecidas. Dessa maneira, as posturas inadequadas e naturalizadas dos educadores foram repensadas à luz da ética.

Percepções das famílias sobre o Conselho Mirim

> *Contei para minha mãe que desenhei o brinquedo e ele ficou pronto, igualzinho, ela falou que vou ser engenheiro.*
>
> Benjamin, 5 anos

No final do ano, a equipe gestora sempre faz uma avaliação com as crianças e com os pais sobre as ações do Conselho Mirim, com a intenção de analisar a qualidade das interações das crianças com as temáticas, com o Conselho e o quanto socializam e são afetadas pelas discussões realizadas.

Percebemos um grande envolvimento das famílias no acompanhamento das reuniões do Conselho de Escola e nas devolutivas referentes ao Conselho Mirim. Todas as famílias dos conselheiros responderam às perguntas enviadas. Apresento, a seguir, as perguntas e o resumo das respostas.

As crianças relatam em casa as temáticas discutidas no Conselho Mirim?
Todas as famílias conseguiram elencar pelo menos um ou mais temas socializados pelas crianças, dentre os quais se destacam: problema do lixo em volta da escola; planejamento para a praça ao lado da escola; construção e escolha de brinquedos; passeata pelo não fechamento da EMEI Gabriel Prestes; visita à Câmara de Vereadores; organização das festas; alimentação na escola; cuidado com os colegas; projetos para a escola; mutirão; resolução de problemas na escola.

Percebeu alguma mudança no comportamento depois que sua criança passou a fazer parte do Conselho Mirim?
Começou a usar palavras diferentes; apresentou pensamentos de consciência e responsabilidade social; passou a se preocupar com a organização de festas em casa; quer dar mais palpites e ideias nos problemas da família; quando vê alguém jogando lixo na rua, fica brava; tudo quer saber o porquê; se interessa mais pelas coisas; quer que eu participe das reuniões da escola.

Você acha importante a participação da sua criança no Conselho Mirim?
É importante para aprender a colocar ideias; para usar as informações; para fazer o lugar onde a criança está ser melhor para ela, porque as crianças dizem o que é melhor; para aprender a resolver desentendimentos; porque faz a criança pensar; é um lugar de formação política para a criança entender o seu lugar no mundo; favorece a prática da democracia moldada ao pensamento infantil; ajuda a desenvolver a liderança; faz ela se preocupar mais com as pessoas, com as coisas; fica mais esperta com as notícias.

Ao observar a escola, consegue perceber a autoria das crianças? A escola tem a "cara" das crianças?

Tudo tem a participação das crianças; desde o teto até o chão tem ideias das crianças; elas cuidam da escola, não gostam que a estraguem; os brinquedos do parque nasceram das ideias delas; nas reuniões as professoras e a direção contam as decisões das crianças; elas ficam tristes no dia que não tem aula e perguntam todo dia se é dia da reunião de conselho, porque gostam e acham importante; sabem explicar tudo o que tem na escola.

A sua criança já fez você pensar sobre algum tema em que ainda não havia refletido?

Reciclagem; sujeira na calçada; respeito com o vizinho; flores e folhas não são sujeira; não gritar para falar, pois como pode falar gritando para não gritar?; ouvir os dois lados sempre e pensar; todo mundo é diferente em alguma coisa; ouvir minha criança sobre os assuntos, ver o que ela pensa; observar como o olhar da criança faz diferença no entendimento das relações; perceber quanto as crianças podem nos ensinar; perceber que as crianças sabem muitas coisas do jeito delas; não brigar ou bater, mas conversar.

Se na sua época de escola pudesse participar do Conselho Mirim, acha que algo poderia ser diferente em você?

Se começasse cedo a participar das coisas, seria mais consciente; teria mais liderança; não teria medo de falar; eu me tornaria um cidadão mais comprometido com a cidade; teria mais paciência com o outro; saberia como me comportar nas reuniões; participaria mais das coisas; talvez votasse melhor; aprenderia a colocar minhas ideias para o outro; acho que seria mais desinibida.

Francesco Tonucci (2005, p. 18) nos diz que "escutar as crianças significa ficar ao lado delas, estar disposto a defender suas posições e seus pedidos, [e] quando as crianças compreendem isso, tudo se torna mais claro e mais fácil [...]". Torna-se mais fácil também quando os adultos entendem o quanto é importante acolher as crianças. Dar-lhes espaço para expressarem seus sentimentos, vontades, ideias, de modo que se sintam pertencentes e desejosas de participar. Elas utilizam as mais variadas linguagens – muitas crianças preferem o desenho, o gesto; o importante é que tenham condições de escolha para suas manifestações.

No início do trabalho com o Conselho Mirim, as famílias achavam que todas as crianças precisavam falar sobre algo e consideravam "bonitinha" a participação delas. Mas não viam o conselho como lugar para construção de cidadania, não reconheciam as crianças em seu potencial, como capazes de opinar sobre os assuntos da escola. Entretanto, com o decorrer do tempo, perceberam o quanto elas são observadoras, o quanto refletem sobre as experiências vividas e como extrapolam o que pensamos sobre elas.

As famílias frequentemente acham que sabem o que é melhor para seus rebentos, esquecendo-se de que cada criança é singular, possui diferentes emoções, diferentes pontos de vista. Muitas vezes desconsideram a opinião das crianças, até mesmo falam delas em sua presença, como se não escutassem.

Elas estão acostumadas a não serem ouvidas, a não terem suas ideias levadas a sério e sabem bem como e para quem se revelar. Quando percebem adultos que as veem como alguém que tem algo a oferecer, se abrem e estabelecem uma relação de parceria.

Por meio dos relatos das reuniões do Conselho Mirim aos pais, eles conseguiram perceber o universo infantil e o quanto são profundas e poéticas suas reflexões, para além das ideias sincréticas e fantásticas que são inerentes a essa fase. Hoje, podemos perceber o reconhecimento do Conselho Mirim pelas famílias: a maioria entende que é preciso ouvir e defender as posições das crianças e compreender a lógica infantil, que é diferente da do adulto, mas não menos importante. Dessa forma, se alinham ao que Malaguzzi propõe:

> Devemos dar um imenso crédito ao potencial que as crianças possuem. Devemos nos convencer de que as crianças, assim como nós, têm poderes mais vigorosos do que nos disseram que tinham, poderes que todos nós possuímos – nós e as crianças temos potencial ainda mais forte do que acreditamos. (MALAGUZZI, *apud* RINALDI, 2012, p. 107)

Temos muito ainda a trilhar, mas alguns passos já foram dados no sentido do reconhecimento das crianças como cidadãs de direitos e no investimento em suas potencialidades. Há, também, a necessidade do comprometimento dos adultos na participação do cotidiano da escola – tanto das famílias quanto dos educadores –, com a priorização dos interesses das crianças; o entendimento de que os direitos são iguais para adultos e crianças;

a criação de contextos para legitimar as teorias infantis, para que todos se sintam respeitados.

Confiança, oportunidades e tempo – esses deveriam ser os pressupostos da casa, da escola, de qualquer instância em que estejam inseridas as crianças, para o exercício de seu protagonismo, pois, quando os oferecemos, conferimos significados às suas experiências e descobrimos o quanto são capazes, originais e potentes.

O que dizem as crianças sobre o Conselho Mirim

A escola ouve a opinião de todos.

Clara, 5 anos

Dizeres de nossos pequenos conselheiros no final do ano, em uma roda de conversa sobre a importância do Conselho Mirim:

- "Acho legal escolher os conselheiros e os brinquedos com o voto e não a professora." (Clara, 5 anos, conselheira)
- "É importante falar do lixo, dos brinquedos, planejar as coisas, conversar com as outras crianças, todas podem falar." (Matilda, 5 anos, conselheira)
- "As crianças gostam de participar." (Daniel, 5 anos, conselheiro)

Os seguintes dizeres conferem grande significado ao Conselho Mirim. Eles tornam visíveis as marcas sobre a importância da participação, autoria e protagonismo das crianças em quaisquer lugares em que estejam. Esses depoimentos foram registrados a partir da fala de alunos e de ex-conselheiros em visita à EMEI, em diferentes momentos, como festas, rodas de conversa, visita com os pais. Sempre que os encontrava, perguntava o que pensavam sobre o Conselho Mirim.

- "É bom para deixar a escola mais divertida, saber o que as crianças querem, como a casa na árvore e a fogueira. Aprendi que a maioria pode opinar e decidir, e não só os adultos. Na minha nova escola, tem assembleia, eu participo." (Pedro, 8 anos, ex-conselheiro)
- "É importante dar a nossa opinião e não só ter a opinião dos adultos." (André, 9 anos)
- "Eu lembro que a gente resolvia como seriam nossas festas e o que gostaríamos que tivesse na escola. Lembro que fizemos nossos jogos pintados no chão, a pista de carrinho e o muro da escola." (Carolina, 9 anos)
- "Eu sempre participo. Aprendi que é importante falar minhas ideias." (Beatriz, 12 anos, ex-conselheira)
- "Na minha escola nova tem o Conselho de Escola e tem a Tribuna, onde discutimos e resolvemos o que é importante para todos. Aprendi a escutar a opinião dos outros." (Rafael, 10 anos, ex-conselheiro)
- "Quando eu estudava na EMEI Leopoldina, eu não era conselheiro, mas participava das assembleias e lembro que tentavam realizar nossos pedidos." (Fernando, 10 anos)
- "O Conselho Mirim trouxe experiências boas, vontade de participar, e depois entrei para o Conselho Mirim na Câmara, com o vereador Celso Gianazzi." (Luiza, 11 anos)

- "É importante que todos sejam ouvidos, que tenham outros conselhos em muitos lugares, é fácil, mas que faz a diferença." (Beatriz, 11 anos)
- "É direito de todos terem voz, as crianças também têm que expressar as opiniões." (Enzo, 11 anos)
- "No conselho de lá, fizemos vários atos, manifestação em defesa do meio ambiente, sobre ser antirracistas e muitas coisas importantes." (Luiza, 11 anos)
- "Aprendi a representar a sala, decidir as coisas com os amigos." (Nicolas, 10 anos)

Aqui e ali, andando pela escola, adultos atentos sempre podiam escutar falas interessantes: "Importante as crianças decidirem as coisas, porque os adultos não iam querer esses brinquedos: lava rápido de crianças, esguicho, esses de brincar com água"; "É importante sair da escola para ver coisas novas e trazer ideias".

Parceria EMEI-EMEF: a continuidade do Conselho Mirim

Por que aqui não tem Conselho Mirim?
Pedro, 6 anos

Também temos ideia do que dizem as crianças sobre o Conselho Mirim por meio dos relatos das professoras da EMEF Dilermando Dias dos Santos, escola para qual a maioria das nossas crianças é encaminhada para o 1º ano do Ensino Fundamental. As gestoras e professoras da EMEF nos contaram, em reunião conjunta no ano de 2019, que assim que as crianças chegam à nova escola fazem uma série de questionamentos:

- "Por que não tem brinquedos?"
- "Por que não tem flores?"
- "Por que não podemos nos servir sozinhos?"
- "Por que o prato não é de vidro?"
- "Por que não tem garfo e faca?"

A gestão da EMEF já conhecia algo sobre o Conselho Mirim da EMEI Dona Leopoldina e, sensível à fala das crianças, nos procurou para entender melhor o funcionamento da escola, do conselho e adequá-lo à sua realidade. As crianças fizeram o que as Diretorias Regionais de Educação não conseguem: aproximaram as duas escolas, e assim iniciamos uma bonita parceria.

Implantaram o Conselho Mirim em consonância com o Conselho de Escola e já fizeram várias alterações relativas aos tempos, espaços e gestão democrática, com foco nas vozes infantis. Fico aqui pensando: será que as crianças exerceriam sua autoria se a gestão não lhes desse confiança, oportunidade e tempo?

O papel do adulto é fundamental para oportunizar a autoria e a autonomia das crianças, descentralizando as decisões, provocando seu protagonismo, abrindo espaços para que dialoguem sobre suas ideias, necessidades e proposições, vendo-as como parceiras em busca de uma escola de qualidade para todos.

Muitas escolas queixam-se da escassa participação das famílias nos Conselhos de Escola e da participação dos adolescentes. Acredito que, se investíssemos no exercício da prática política dos Conselhos Mirins com as crianças pequenas, com certeza teríamos uma população mais participativa em todas as instâncias. Pois é preciso aprender a gostar de participar, é preciso haver significado nas práticas desenvolvidas e, principalmente, oferecer espaço para que todas as vozes sejam ouvidas, em igualdade de condições.

Indicadores de qualidade da Educação Infantil na visão das crianças

> *As coisas relativas às crianças somente são aprendidas através das próprias crianças.*
>
> Loris Malaguzzi

O documento *Indicadores de qualidade da Educação Infantil paulistana* (SÃO PAULO, 2016) diz, em sua introdução, que seu objetivo é auxiliar as equipes de profissionais das unidades educacionais, em parceria com as famílias e pessoas da comunidade, a desenvolver um processo de autoavaliação institucional participativa, que leve a um diagnóstico coletivo sobre a qualidade da educação promovida naquela unidade escolar, com vistas a obter melhorias no trabalho educativo desenvolvido com as crianças.

A proposta de sua construção nos pareceu totalmente alijada sem a opinião das crianças. Na época de sua apresentação, perguntamos aos responsáveis da Secretaria Municipal de Educação o motivo pelo qual não foram direcionadas perguntas às crianças, e nos disseram que elas poderiam ser manipuladas em suas respostas.

Os familiares e responsáveis menos esclarecidos também não poderiam sê-lo? Por que acreditar no poder dos adultos e não no das crianças? É muito contraditório constatar, expressas em um dos parâmetros para a qualidade da Educação Infantil, as questões da autonomia, da autoria e do protagonismo infantil, e desvalorizar a competência das crianças de exercer sua opinião sobre os indicadores de qualidade.

As escolas foram deixadas livres para construírem seus processos de escuta, mas infelizmente sabemos que muitos educadores ainda desconsideram a opinião das crianças. Assim, seria importante direcioná-los para que fizessem essa proposição.

Na escola, muitas vezes levantamos temas que não se originaram das ideias das crianças. Não é uma situação ideal, mas sabemos que elas têm capacidade para falar sobre as temáticas que lhes dizem respeito e, se aceitam a provocação, estão abertas à discussão. Do contrário, se desinteressam e partem para outro tema ou brincadeira.

Como construir ferramentas de pesquisa para que as crianças revelem como veem o espaço da escola, como se sentem ali? Na nossa EMEI, conversamos com elas, explicamos que gostaríamos que a escola fosse muito boa para todas elas e elencamos uma pergunta para cada dimensão proposta nos indicadores de qualidade para a discussão com os adultos.

São nove as dimensões expressas no documento:

1. Planejamento e gestão educacional;
2. Participação, escuta e autoria de crianças;

3. Multiplicidade de experiências e linguagens em contextos lúdicos para as infâncias;
4. Interações;
5. Relações étnico-raciais e de gênero;
6. Ambientes educativos: tempos, espaços, materiais;
7. Promoção da saúde e bem-estar: experiências de ser cuidado, cuidar de si, do outro e do mundo;
8. Formação e condições de trabalho das educadoras e dos educadores;
9. Rede de proteção sociocultural: unidade educacional, família, comunidade e cidade.

As perguntas foram construídas com os educadores, tentando traduzir cada dimensão, de forma que elas conseguissem ser interpretadas pelas crianças. As respostas foram coletadas em rodas de conversa com as professoras das turmas nas salas e, posteriormente, levadas para o Conselho Mirim. Algumas dimensões possuem mais de uma pergunta, pois os educadores consideraram importante abordar mais aspectos da mesma dimensão.

Vocês sabem qual é o Projeto da Escola? (dimensão 1)
Projeto é para a criança ser feliz; tem brincadeiras, músicas, cirandas, artes com tintas, com a natureza; fogueira, ioga, bolhas de sabão, estações do brincar e tudo de legal.

O que poderíamos fazer para melhorar a escola? (dimensão 2)
Falar com todo mundo para cuidar da natureza; só tirar a fruta madura; fazer mais cabaninhas; mais balanças; mais patinetes;

mais tambores; muitas flores; resolver problema conversando, e não batendo.

Qual a brincadeira, experiência ou atividade que vocês gostariam de fazer aqui na escola? (dimensão 3)
Brincar de esconde-esconde à noite; olhar as estrelas; ver os bichinhos da noite; subir na árvore para ver a lua; brincar de casinha com comidinha de verdade, sem ser matinho.

Vocês esperam muito para realizar atividades? Onde vocês têm que esperar? (dimensão 3)
Fica a maior fila no banheiro das meninas; às vezes demora a fila do almoço e para escovar os dentes, é muito chato ficar esperando.

Vocês gostariam de escolher os trabalhos para apresentar para os pais e colocar no portfólio? (dimensão 3)
Temos um monte no caderno de memórias: danças, pinturas, desenhos, tudo que for legal.

Vocês contam para os adultos da escola quando estão com alguma dor ou sujos? Eles dão atenção ao que vocês contam? O que eles fazem? (dimensão 4)
Eu conto, e o adulto coloca gelinho no machucado, Band-Aid, troca a roupa e conversa para saber por que estou chorando; às vezes, o adulto não vê.

Vocês gostam das atividades propostas? Todos participam? (dimensão 5)

Capoeira, culinária, estações do brincar, livrinhos; só é chato quando tem briga das crianças.

As crianças com deficiência brincam do mesmo modo que as outras crianças sem deficiência? Elas têm brinquedos e materiais necessários para auxiliá-las? (dimensão 5)
Todo mundo brinca, alguns gostam de brincar sozinhos; falta uma gangorra igual à balança e ao gira-gira, na gangorra o adulto tem que segurar; não dá para subir na casa da árvore, precisa de elevador.

Quais atitudes podemos tomar para prevenir acidentes? (dimensão 5)
Olhar onde anda para não pisar no formigueiro e no buraco; não ficar sozinho; não ficar em pé na gangorra; segurar bem o prato.

Como a família poderia participar das atividades da escola? (dimensão 6)
Bater corda; jogar futebol; fazer receita; arrumar os livros; fazer brinquedos; ajudar nas festas.

O que falta na escola que vocês gostariam que tivesse? (dimensão 7)
Pista de trem; carro de entrar dentro; doces, mas não pode ser muito, porque eu tenho colesterol; videogame; piscina de bolinhas; suco de uva.

As propostas das crianças e as discussões dos adultos foram encaminhadas para a Secretaria Municipal de Educação, compondo o diagnóstico coletivo sobre a qualidade da educação promovida na escola. Entendemos como princípio a participação das crianças nesse processo, pois seus olhares com certeza aprimoram o nosso, sinalizam caminhos para a elaboração do plano de ação para o aperfeiçoamento do Projeto Político-Pedagógico, pondo a criança no centro da discussão, como protagonista e autora.

Conselho Mirim pelos olhos da gestão

> *Um lugar para dar ideias e resolver problemas.*
>
> Clara, 4 anos

As crianças são naturalmente protagonistas, são curiosas, pensam sobre suas experiências e sempre têm algo a dizer por meio das "cem linguagens" – é preciso somente acreditar no potencial que possuem e oferecer-lhes oportunidades para que exerçam sua autoria.

Todas as pessoas que visitam a EMEI Dona Leopoldina relatam como a escola tem "cara de criança" sem ser infantil, como o espaço respeita o tempo da infância, mas poucos sabem o quanto o Conselho Mirim foi atuante e determinante na transformação da escola. Foi por meio dele que mais crianças puderam registrar seus olhares sobre a EMEI em igualdade com os adultos: opinar, dar sugestões, criar regras, espaços, decidir sobre o uso das verbas, o uso dos tempos, sobre as festas.

O Conselho Mirim constituiu-se em um lugar de construção de cidadania para todas as crianças, mesmo para aquelas cujas professoras não comungam da concepção de criança autora, que faz valer seus direitos e ideias, deixando de proporcionar momentos de construção de autoria e protagonismo com a turma. Elas pensam, equivocadamente, que somente se faz as vontades das crianças, sem perceber a profundidade e a intencionalidade política do projeto.

Inicialmente as propostas das crianças parecem-nos banais, como aponta Francesco Tonucci (2005), porque perdemos o sentido da realidade, das coisas simples, das coisas desimportantes, poetizadas por Manoel de Barros (2015), mas quando as escutamos, percebemos o quanto nos dizem com sua sabedoria, conhecimento e percepção de mundo.

Uma das discussões do Conselho Mirim que refletiu na modificação da escola foi relativa à organização dos tempos e espaços a partir das indicações das crianças, e não das necessidades e ótica dos adultos. O investimento na percepção das crianças sobre o prédio, na adaptação de mobiliário e materialidades provocou a necessidade da formação permanente de toda a comunidade escolar (educadores e famílias), priorizando o desenvolvimento das relações – criança-criança, criança-adulto, criança-espaço – e a discussão dos registros que partem da escuta da criança e projetam o currículo real nos ambientes e na documentação.

Um dos trabalhos da gestão democrática é deixar a voz das crianças em igualdade de condições à dos adultos, tomando decisões conjuntas, em um modelo de participação e conexão respeitosas. Do mesmo modo é feito em relação aos educadores e familiares, pois a voz de todos constrói o cotidiano, norteia os caminhos e mostra perspectivas diferenciadas para o trabalho pedagógico e a construção cidadã.

Nas reuniões do Conselho de Escola levamos as discussões realizadas pelas crianças, suas reivindicações e ideias, para que suas percepções sejam consideradas prioritárias. Afinal, a escola é delas e para elas.

Desde 2012, com o projeto dos pequenos conselheiros, nossa escola ficou mais colorida, alegre, com crianças mais felizes, questionadoras e críticas. Notamos também uma mudança na postura dos adultos, que passaram a valorizar o protagonismo infantil.

Os resultados desse projeto de fato merecem destaque: ex-conselheiros, hoje no Ensino Fundamental, reivindicam Conselhos Mirins no 1º ano, questionam posturas, tempos e espaços da escola. As professoras de outras unidades relatam que as crianças solicitam reuniões para que expressem seus desejos e ficaram admiradas com o poder de argumentação delas.

Acreditamos que ampliamos os espaços de fala e escuta, contribuindo para a constituição do senso de alteridade, e provocamos novas inquietações que nos movem a buscar outras referências e práticas democráticas.

Pudemos nos alimentar de humanidade, de histórias de muitos outros que nos constituem. Tivemos momentos inspiradores, desafiadores, que nos tiraram da zona de conforto, modificando a sensação de sabermos sempre o que é melhor ou prioritário para as crianças.

Este projeto possibilita que tais reflexões, sentimentos e provocações possam ganhar novos horizontes, por meio de releituras e fazeres e pela parceria das crianças a nos lembrar do nosso papel como educadores e formadores. São incontáveis as narrativas das crianças oriundas das experiências características de seu tempo presente. Entretanto, diante do silenciamento e da opressão dos adultos, algumas crianças depositam força na busca de heróis fora de si mesmas e duvidam de sua potência, de sua capacidade de intervir em seu pequeno pedaço de mundo.

Que aprendamos com as crianças participativas: não desistem, vislumbram horizontes mais dignos para si e para o outro de maneira poética e política, por meio do uso das suas "mais de cem linguagens", e, mesmo sem capas, são heroínas de si mesmas.

Os pequenos conselheiros reafirmam suas identidades, suas culturas, lutam por seus direitos. Cabe a nós amplificar suas vozes e fortalecer a parceria com o coletivo dos adultos. Mesmo distintos em seus fazeres, crianças e adultos habitam os mesmos lugares e tentam construir uma nova realidade, cada qual à sua maneira. Cabe-nos, também, ter um olhar generoso e acolhedor para as diferentes crianças, para a infinidade de vozes que se misturam, falando simultaneamente, desejando serem ouvidas.

Precisamos dar visibilidade às vozes infantis, facilitando seu acesso aos diversos grupos sociais: a comunidade educativa e a do entorno, bem como aos governos, pois, na medida em que escutamos as crianças, tentamos compreender a lógica de seu pensamento, da sua realidade, e as legitimamos. Acolhimento, autoria, pertencimento, três fazeres imprescindíveis no trabalho com os pequenos, em suas histórias de vida entrecruzadas com a escola.

O grande desafio do território "escola" é comunicar-se com a pluralidade de vozes que habitam seu interior e elaborar todas as tessituras essenciais para que os sujeitos descubram sua integralidade e potencialidades na interação com as pessoas, os objetos e os lugares. O grande desafio dos educadores é não aprisionar corpos e ideias, é ouvir as crianças, perceber o quanto nos trazem empatia, tornando os ambientes mais humanos, acolhendo a diversidade, a pluralidade. Esse olhar humanizado conecta a escola com o sentido da vida e a faz aproximar-se de seu real sentido: um lugar para viver, um grande laboratório para descobertas de si e do outro. Como diz Paulo Freire (2015, p. 70):

> Há uma relação entre a alegria necessária à atividade educativa e a esperança. A esperança de que professor e alunos juntos possam aprender, ensinar, inquietar-se, produzir, e juntos igualmente resistir aos obstáculos à nossa alegria.

Como implementar um Conselho Mirim na escola?

Quando os adultos escutam o que
a gente fala, as coisas acontecem.
Ayko, 5 anos

É necessário "ser porta-voz das expressões genuínas das crianças, validar a sua voz é uma forma de honrar as infâncias", como afirma Adriana Friedmann em muitas de suas aulas. A criança não defende sua luta sozinha, mas precisa aprender sobre seus direitos, precisa de adultos ao seu lado, acreditando que são capazes de participar da construção de outra realidade, de diferentes contextos de vida.

A seguir, apresento alguns passos fundamentais para a implementação de um Conselho Mirim.

1. Envolver toda a comunidade

Discutir, com toda a comunidade escolar, sua importância como prática política de participação e a necessidade de envolver as crianças em deliberações que lhes dizem respeito, de modo a promover a autoria e o protagonismo sobre suas necessidades, interesses e desejos.

2. Apresentar o Conselho Mirim às crianças

Realizar leituras e rodas de conversa sobre os direitos das crianças. Explicar para os pequenos o que é um conselho. Definir quem fará parte de sua coordenação: um educador para conduzir a reunião e outro para registrar.

3. Eleger os conselheiros

Promover a eleição de representantes de turma pelo voto das crianças. Explicar o papel que os representantes exercerão, perguntar quem gostaria de representar a turma e por que gostaria de fazê-lo, garantindo a argumentação, e proceder à eleição.

4. Promover tempos de conversa com todas as crianças

Conversar com as crianças da escola, oferecer tempo para que se expressem, por meio das várias linguagens, sobre sua participação no cotidiano das ações que ocorrem na escola e as decisões que são tomadas. Envolver as crianças em problemas reais da escola, sobre os quais todos possam ter algo a dizer.

5. Escutar as crianças

Ouvir as crianças, com disposição para defender suas posições em igualdade de condições com aquelas dos adultos. Observar atentamente os assuntos que as crianças revelam nas brincadeiras, no refeitório, nas turmas, transformando-os em temáticas para plenárias.

6. Fomentar assembleias com questões disparadoras sobre as temáticas descobertas
Conceder a palavra às crianças, realizando reuniões com os representantes assiduamente (mensal, quinzenal), de acordo com as possibilidades, sobre assuntos de interesse (detectados nas brincadeiras, conversas, assembleias). Os assuntos são discutidos e registrados por meio das várias linguagens, além de por um escriba adulto, que registra os diálogos nas reuniões.

7. Discutir as leituras realizadas com a equipe pedagógica
Discussão dos diálogos registrados, das entrelinhas percebidas, das leituras corporais e silêncios, traduzindo a real demanda das crianças.

8. Propiciar o trânsito de informações entre o grupo de representantes e o restante das turmas
Garantir a participação de todas as crianças nas discussões levadas a cabo e a viabilização de problematizações, construções, ideias da cultura infantil.

9. Dar visibilidade às conquistas das crianças para toda a comunidade escolar e território do entorno
O resultado é perceptível nos relatos e em diferentes registros da participação das crianças e de suas famílias, e observável nas

paredes da EMEI, que contam ainda melhor o processo de transformação da escola nesses anos de trabalho com o Conselho Mirim, tomando a escuta das crianças como um ato político repleto de poesia. Temos de trabalhar como os artistas: transformar o invisível em visível.

ALGUMAS PALAVRAS FINAIS
PARA AS VOZES INICIAIS

Como sujeito de direitos, as crianças têm a garantia de participação nas ações que lhes dizem respeito. Como promover seu protagonismo em um lugar gerido somente por adultos? Na maior parte das vezes, as crianças não participam, não ocupam os espaços de decisão: os adultos decidem por elas. É importante dar-lhes visibilidade na cidade, nos espaços institucionais, de governo. As autoridades precisam ouvi-las diretamente, para que suas colocações ganhem legitimidade, inclusive ao apontar ações para políticas públicas para as infâncias.

As crianças precisam perceber seu entorno, entender como funciona a escola, a vizinhança, a comunidade e se aproximar das relações de poder, do exercício da cidadania. Por isso lhes apresentamos a Diretoria Regional de Ensino, a Subprefeitura, a Câmara de Vereadores, a Prefeitura – instâncias de poder público. Ao visitarmos a Câmara de Vereadores com famílias e educadores, percebemos que muitos adultos nunca haviam adentrado esse local. Precisamos aproximar todos dessas instâncias, relembrando que elas são lugar do povo.

É necessário ter coragem e olhar comprometido com as crianças, aliados à vontade política da escola, para que todos participem de forma legitimamente democrática e tenham suas vozes igualmente respeitadas. Quantos adultos dizem, como uma queixa, que as escolas fazem o que as crianças querem e eles não decidem mais nada? Esquecem-se de que sempre decidiram tudo sobre a vida das crianças, sem consultá-las.

Por meio do Conselho Mirim, operacionaliza-se outra forma de atuação da ação educativa, conferindo poder às crianças, tornando-as responsáveis por decisões que anteriormente eram destinadas apenas aos adultos, como a organização de tempos e espaços, condutas, aquisições, rituais e outros assuntos referentes à comunidade escolar.

Sarmento, Fernandes e Tomás dizem que o caminho traçado pela escola com a descentralização do poder é singular:

> nele se cruzam as difíceis condições que ocorrem na realização de toda a singularidade com a alegria discreta que se revela no orgulho com que alunos e professores partilham o seu trabalho com quem com eles se cruza na escola [...]. Um espaço justo. (SARMENTO; FERNANDES; TOMÁS, 2007, p. 201)

A atuação dos Conselhos Mirins contribui para a desconstrução da escola pautada nas decisões "adultocêntricas", burocráticas e historicamente instituídas, invertendo-se a lógica. Por meio deles, as crianças passam a serem vistas como principais personagens, provocando sua autonomia e autoria, e é estabelecida uma parceria com educadores e famílias, na busca pela garantia dos direitos das crianças – a maior intencionalidade desse projeto.

Sobre a cultura da cidadania na infância, que se assenta nos direitos das crianças em contextos educativos, Sarmento, Fernandes e Tomás (2007) explicitam dois eixos: no primeiro, apontam ações cujo mote de intervenção seja as crianças, suas necessidades e seus direitos. Dessa maneira, esse primeiro eixo distancia-se das lógicas massificadoras que reproduzem a desigualdade.

No segundo eixo, os autores assinalam as mudanças paradigmáticas relativas aos papéis e competências das crianças: ultrapassa-se a ideia de criança como tábula rasa, na qual se inculcam saberes e valores sociais, e se investe na democratização da gestão, oferecendo-lhes autonomia em momentos de decisão:

> A mudança terá assim que apostar na ideia de que a criança é um sujeito de direitos, *ontogenicamente presente e socialmente* competente, agente principal no seu processo de formação, com direito à voz e à participação nas escolhas e políticas educativas. (SARMENTO; FERNANDES; TOMÁS, 2007, p. 202, grifo dos autores)

Essa mudança é uma tarefa difícil, uma vez que as escolas estão repletas de adultos cujos direitos, muitas vezes, também são negados: atuam em condições inadequadas para o trabalho em relação à remuneração, às condições estruturais da instituição e à falta de formação nas dimensões política e pedagógica. Os modos pelos quais as crianças e os adultos se relacionam no interior da escola denotam relações de poder que regem a maneira como esses sujeitos atuam no cotidiano. É imprescindível conhecê-los de perto – crianças e adultos –, abrindo-lhes espaço para falar, para lutar por seus direitos, pois para propor um trabalho com cidadania é fundamental exercê-la.

A atuação do Conselho Mirim em parceria com o Conselho de Escola busca viabilizar o envolvimento de todos na prática cidadã, uma vez que para muitos essa é a única instância de participação na sociedade. Temos relatos de familiares que aprenderam com as crianças a fazer solicitações nas sociedades de bairro, descobrindo e reivindicando seus direitos.

A cultura da participação cidadã se entrelaça entre crianças e adultos que tentam, sob diferentes óticas, construir uma escola mais democrática, inclusiva na prática cotidiana da escuta e do diálogo transformado em ações. Trabalho nada fácil, que exige grande comprometimento político.

Ao debruçar-me nesta escrita, reconectei-me com minha essência, reaprendendo a escutar as crianças reais com o coração, com o corpo, com minha criança interior e sua potência. Escutar as crianças – tão transparentes! – ao falarem da realidade, do que sentem. Escutar para além das palavras e dos silêncios, dialogar com as certezas e incertezas, tentando encontrar, nos rastros da infância, o que reverberou em mim como memória afetiva ou estranheza.

Como um fio de continuidade da tessitura, paro para observar o fio que teço. Olhar para minha história e para a potência do outro que nela reconheço. Escutar o que me toca, o que me traz esperança, cuidando do trajeto de vida, com respeito e delicadeza. Aprender a usar a ferramenta da escuta como local de encontro e inteireza. Sempre me lembrando do respeito ao tempo infantil, construindo afetos e vínculos. Sem fazer tantas perguntas, criando uma relação ética com as crianças, pautada na disponibilidade que a circunda.

Escrever no tempo da pandemia de covid-19 abriu espaço para a cura: entrelacei intuição, autores, experiências e teorias e forjei este texto na imprevisibilidade que acompanha a experiência, fazendo valer a escolha consciente pelas minorias. Assim, pude dar sentido às muitas vozes ouvidas, elegendo minha voz como escriba das crianças reveladas e das crianças escondidas.

REFERÊNCIAS

ARIÈS, Philippe. *História social da criança e da família*. Rio de Janeiro: LTC, 1981.

BARROS, Manoel de. *Menino do mato*. Rio de Janeiro: Objetiva, 2015.

BRASIL. Lei nº 8.069, de 13 de julho de 1990. Estatuto da Criança e do Adolescente. *Diário Oficial da União*, Brasília, 16 jul. 1990. Disponível em: http://www.planalto.gov.br/ccivil_03/leis/l8069.htm. Acesso em: 2 mar. 2022.

_____. *Base Nacional Comum Curricular*: educação é a base. Brasília: Ministério da Educação, 2018. Disponível em: http://basenacionalcomum.mec.gov.br/images/BNCC_EI_EF_110518_versaofinal_site.pdf. Acesso em: 2 mar. 2022.

FREIRE, Madalena. *A paixão de conhecer o mundo*: relato de uma professora. Rio de Janeiro: Paz e Terra, 1992.

_____. "O que é um grupo?" *In*: FREIRE, Madalena; CAMARGO, Fátima; DAVINI, Juliana; MARTINS, Miriam Celeste. *Grupo*. São Paulo: Espaço Pedagógico, 1997.

FREIRE, Paulo. *Pedagogia do oprimido*. São Paulo: Paz e Terra, 1987.

_____. *A educação na cidade*. São Paulo: Cortez, 1991.

_____. *Pedagogia da autonomia*: saberes necessários à prática educativa. São Paulo: Paz e Terra, 2015.

FRIEDMANN, Adriana. *Linguagens e culturas infantis*. São Paulo: Cortez, 2013.

_____. *A vez e a voz das crianças*: escutas antropológicas e poéticas das infâncias. São Paulo: Panda Books, 2020.

FORTUNATI, Aldo. *A abordagem de San Miniato para a educação das crianças*: protagonismo das crianças, participação das famílias e responsabilidade da comunidade por um currículo do possível. Pisa: Edizione ETS, 2014.

GOBBI, Márcia; PINAZZA, Mônica. "Infância e suas linguagens: formação de professores, imaginação e fantasia". *In*: GOBBI, Márcia; PINAZZA, Mônica (org.). *Infância e suas linguagens*. São Paulo: Cortez, 2014.

INSTITUTO ELOS. *Guerreiros sem armas*. Relatório da 11ª edição. São Paulo: Instituto Elos, 2018. Disponível em: https://issuu.com/elos/docs/relato_rio_guerreiros_sem_armas_2018. Acesso em: 2 mar. 2022.

LARROSA, Jorge. *Pedagogia profana*: danças, piruetas e mascaradas. Belo Horizonte: Autêntica, 2019.

MALAGUZZI, Loris. "Histórias, ideias e filosofia básica". *In*: EDWARDS, Carolyn; GANDINI, Lella; FORMAN, George. *As cem linguagens das crianças*: a abordagem de Reggio Emilia na educação da primeira infância. Porto Alegre: Artmed, 1999.

MAUAD, Ana Maria. "A vida das crianças de elite durante o Império". *In*: PRIORE, Mary Del (org.). *História das crianças no Brasil*. São Paulo: Contexto, 2002.

MOURA, Esmeralda Blanco Bolsonaro de. "Crianças operárias na recém-industrializada São Paulo". *In*: PRIORE, Mary Del (org.). *História das crianças no Brasil*. São Paulo: Contexto, 2002.

OLIVEIRA-FORMOSINHO, Júlia; LINO, Danila Maria Britto da Cunha. Os papéis das educadoras: as perspectivas das crianças. *Educação em Foco*, Juiz de Fora, v. 13, n. 2, p. 9-29, 2009. Disponível em: https://www.ufjf.br/revistaedufoco/files/2009/11/Artigo-01-13.2.pdf. Acesso em: 2 mar. 2022.

PASSETTI, Edson. "Crianças carentes e políticas públicas". *In*: PRIORE, Mary Del (org.). *História das crianças no Brasil*. São Paulo: Contexto, 2002.

PESSOA, Fernando. *Obra poética*. Portugal: Printer Portuguesa, 1986.

PINTO, Manuel; SARMENTO, Manuel Jacinto. "As crianças e a infância: definindo conceitos, delimitando o campo". *In*: PINTO, Manuel; SARMENTO, Manuel Jacinto (org.). *As crianças*: contextos e identidades. Minho: Universidade do Minho, 1997.

PRIORE, Mary Del. "O cotidiano da criança livre no Brasil entre a Colônia e o Império". *In*: *História das crianças no Brasil*. São Paulo: Contexto, 2002.

RINALDI, Carla. *Diálogos com Reggio Emilia*: escutar, investigar e aprender. São Paulo: Paz e Terra, 2012.

ROCHA, Tião. Por que ensinar através do cafuné pedagógico? [Entrevista cedida ao] *Roda Viva*, São Paulo, 2007. Disponível em: https://www.youtube.com/watch?v=-yGzVK697Rc. Acesso em: 28 fev. 2022.

SÃO PAULO. *Indicadores de qualidade da Educação Infantil paulistana*. São Paulo: Secretaria Municipal de Educação, 2016.

SARMENTO, Manuel Jacinto; FERNANDES, Natália; TOMÁS, Catarina. Políticas públicas e participação infantil. *Educação, Sociedade & Culturas*, Porto, n. 25, p. 183-206, 2007.

SCARANO, Julita. "Criança esquecida das Minas Gerais". *In*: PRIORE, Mary Del (org.). *História das crianças no Brasil*. São Paulo: Contexto, 2002.

TONUCCI, Francesco. *Quando as crianças dizem*: agora chega! Porto Alegre: Artmed, 2005.

_____. As crianças e a cidade. *Pátio*: Educação Infantil, Porto Alegre, n. 40, 2015.

UNICEF. *Convenção sobre os Direitos da Criança*. Adotada pela Resolução n. L. 44 (XLIV) da Assembleia Geral das Nações Unidas, em 20 de novembro de 1989 e ratificada pelo Brasil em 20 de setembro de 1990. Disponível em: https://www.unicef.org/brazil/convencao-sobre-os-direitos-da-crianca. Acesso em: 28 fev. 2022.

VIGOTSKI, Lev. *Imaginação e criação na infância*. São Paulo: Expressão Popular, 2018.